Coup d'arrêt

Du même auteur

Je vous demande le droit de mourir, avec Vincent Humbert, Michel Lafon, 2014.

La rue était mon lit, avec Michel Baldy, City Éditions, 2014.

Histoires insolites du Débarquement, avec Frédéric Leterreux et Emmanuel Thiébot, City Éditions, 2014.

Je suis tzigane et je le reste, avec Anina Ciuciu, City Éditions, 2013.

Frédéric Veille

Coup d'arrêt

Michel Lafon

118, avenue Achille-Peretti – CS 70024
92521 Neuilly-sur-Seine Cedex
www.michel-lafon.com

Villa Castelli, Argentine,
lundi 9 mars 2015, fin d'après-midi

C'est une interminable ligne droite au milieu de nulle part. La zone est désertique, le soleil cogne. Pas une âme qui vive le long de l'axe principal de cette région située à plus d'un millier de kilomètres au nord-ouest de Buenos Aires. Ici, dans la province de La Rioja, on ne s'aventure pas par hasard. On vient dans un but bien précis ou tout simplement pour s'évader du quotidien, découvrir que loin des grandes métropoles il y a une vie, différente, moins aisée.

C'est un petit village traversé par cette route qui mène aux parcs nationaux de Talampaya et Ischigualasto. Avant d'y entrer, sous l'œil bienveillant des cimes enneigées de la cordillère des Andes, des plaines arides, une terre craquelée, poussiéreuse. De temps à autre, dans ce paysage de maquis assoiffé où les arbrisseaux résistent comme ils le peuvent à la sécheresse, quelques *tobianos* argentins galopent au vent.

Puis viennent les premières maisons, des bâtisses de terre séchée, souvent abandonnées. Un petit bâtard aboie, amaigri, abandonné. Museau bas, il cherche de quoi remplir son estomac vide. Mais les dernières pluies diluviennes n'ont apporté que papiers sales, cannettes vides et virevoltants arrachés à leur racine.

La vie est pourtant là, un peu plus loin, dans la première maison blanche. Une femme, fetu sur la tête, berce dans ses bras un bébé. Un peu plus loin en approchant du cœur du village, c'est un groupe d'hommes qui marche sur les accotements pierreux, sac plastique à la main. Les maisons portent les marques du temps, les volets clos tentent de repousser la poussière volante, la chaleur étouffante en cette fin d'été austral.

Cela fait bien longtemps qu'il n'a pas plu. Et le vent chaud qui souffle par petites rafales assèche les gorges et pousse, en cet après-midi, ce groupe d'amis à boire le maté à l'ombre d'un auvent de bois et de paille tressée. Plus on avance dans ce village longiligne, plus les cris et les rires des enfants sont perceptibles. En passant devant la petite église blanche cerclée de jaune en son clocher, un vieillard fait un petit signe de la main, comme s'il montrait une direction.

Car l'animation est à la sortie du village, en direction de Salta. Sur un terrain vague que les lamas apeurés ont déserté pour laisser place aux hommes et femmes venus d'Europe, c'est l'attroupement, comme il y a quelques mois, lorsque la caravane du

Dakar est passée par là. Il faut dire qu'avec ce décor de carte postale, ces pierres rouges, ces quelques pieds de vigne et ces montagnes qui bouchent l'horizon, le lieu est propice à l'aventure, au dépaysement, au dépassement de soi.

Voilà pourquoi l'équipe d'Adventure Line Productions a choisi cet endroit pour servir de deuxième étape à *Dropped*, sa nouvelle émission qui devrait prochainement faire de l'audience sur la grande chaîne française qu'est TF1. Le pitch : lâcher des célébrités, sportifs de haut niveau, sur ces terres hostiles. Les lâcher les yeux bandés, sans nourriture, avec juste une petite réserve d'eau. Ils n'ont ni carte ni boussole pour tenter de rejoindre la civilisation. Une expérience de survie filmée sous tous les angles, pour ne rien manquer de leurs efforts, de leurs émotions, de leurs souffrances, de leurs joies.

La version originale suédoise a fait un carton. La version française s'annonce bien, avec un casting haut en couleur, en palmarès, en médailles : Florence Arthaud, Alain Bernard, Philippe Candeloro, Jeannie Longo, Anne-Flore Marxer, Camille Muffat, Alexis Vastine et Sylvain Wiltord. Ce dernier a été éliminé la semaine précédente sur l'épreuve se déroulant en Terre de Feu, à l'extrême sud du pays. Il devait justement faire le plus haut feu possible. Mais c'est Florence Arthaud qui l'a emporté, poussant l'ex-international de football dans l'avion du retour.

La prochaine étape, c'est Quebrada del Yeso. Des montagnes, des montagnes et encore des montagnes. Des montagnes tristement célèbres puisque c'est là-haut, à plus de 4 000 mètres d'altitude, qu'un avion uruguayen s'est écrasé le 12 octobre 1972. À son bord, quarante-cinq personnes, dont l'équipe de rugby uruguayenne de Carrasco. Seules seize personnes ont survécu, ceux que l'on a appelés les « survivants » des Andes, un groupe de jeunes hommes qui ont survécu à la neige, au froid, à l'isolement pendant soixante-douze jours, contraints de manger la chair de ceux qui avaient péri dans l'accident.

Mais aujourd'hui, dans la vallée, personne ne pense à cette histoire qui avait tant bouleversé à l'époque. L'heure est à la fête. Il est presque 17 heures. À la sortie du village, sur un terrain vague, un héliport a été improvisé. Non loin de là, ébahi par les deux engins volants, un groupe d'enfants s'amuse avec des adultes. Il y a de la musique. Certains improvisent des danses, d'autres font des pirouettes, des cabrioles. Un peu plus loin, on tape dans un ballon. Match de foot. Sport interplanétaire. L'Argentine est plus forte que la France, mais les petits de Villa Castelli prennent une leçon de football devant les dribbles, les accélérations du grand Alexis, aussi doué avec ses pieds qu'avec ses poings.

Il y a des rires. Il y a des gestes qui ne trompent pas. Les enfants sont heureux. L'après-midi est une vraie récréation, un vrai moment de bonheur dans un quotidien pas toujours heureux. Alexis, short kaki, chemise bleue à carreaux, n'est pas en tenue de footballeur mais qu'importe, il a revêtu son habit de mec au grand cœur pour donner de la joie à ces enfants qu'il ne connaît pas mais qu'il a vite adoptés.

L'heure tourne, les affaires reprennent du côté de la production. Il ne faut plus tarder. Les turbines des deux Écureuil commencent à siffler. À droite, derrière la petite butte de terre, l'hélico bleu marine et bleu ciel est déjà prêt. La porte latérale est ouverte. Un caméraman est assis, accroché par un harnais. Les enfants reculent, Alexis passe une dernière fois la main dans les cheveux du petit Ramiro. Il y a encore des sourires, des cris d'enfants, des instants de bonheur partagés. Comme Camille et Florence, Alexis prend la direction de l'hélico bleu blanc rouge. Avant de s'asseoir sur les places arrière, il se retourne et lance un dernier geste à ses fans d'un jour. En levant la main, il salue aussi les villageois, comme pour les remercier de leur hospitalité, de leur générosité, de ce moment de grande sincérité.

C'est l'heure ! Les moteurs ne sifflent plus, ils tournent à plein régime. Les pales redoublent de vitesse, la poussière qui se déplace par vagues fait reculer les plus aventureux. Un premier appareil décolle, porte ouverte. Il y a du bruit, le bruit du décollage, celui qui attire, celui qui intrigue. Puis le second décolle à son tour. Les deux appareils font une boucle. Le temps est clair, pas un nuage dans le ciel argentin.

Au sortir de ce grand virage aérien et improvisé au-dessus du village, les deux engins prennent de l'altitude. Ils s'éloignent vers les montagnes. Au passage des appareils, une nuée d'oiseaux nichés dans un arbre prennent peur. Effarouchés, ils s'envolent en poussant de petits cris. Des cris vite étouffés par un bruit énorme qui claque dans le ciel. Les deux hélicoptères viennent de se percuter en plein vol et plongent immédiatement vers le sol. Le choc est terrible, indescriptible. Une explosion, une seconde, une boule de feu, des gens qui accourent, des cris, des hurlements, une forte odeur… macabre.

Dans ce brasier venu du ciel que ne peuvent combattre les témoins de la scène tant la chaleur est insupportable, deux carcasses écrasées, broyées, dans lesquelles, quelques secondes plus tôt, dix cœurs battaient. Car au sol, sur cette terre qui vient de vibrer sous le choc, le feu emporte tout, dévaste tout. Au cœur des flammes gigantesques qui laissent échapper une fumée noire morbide, des âmes se consument.

Villa Castelli, ce village si paisible au pied de la montagne, est en quelques secondes devenu le linceul de feu de Juan Carlos et César Roberto Abate, les deux pilotes. De Laurent, Lucie, Volodia, Édouard et Brice, de l'équipe de production. De Florence, de Camille, d'Alexis, les trois sportifs.

Il est 17 h 15 à Villa Castelli, le temps vient de s'arrêter.

Au même moment à Pont-Audemer, France
Dans la maison familiale
Alain Vastine, son père

Comme d'habitude, la journée a été bien remplie. Entre la salle de musculation qu'il faut ouvrir chaque matin et fermer le soir, entre les affaires courantes et les entraînements au boxing-club, je suis fatigué. En plus, le coaching des jeunes a été plus difficile que d'habitude. Pas pour moi, mais pour eux ! Il faut dire que certains ont encore dû abuser ce week-end, et cela ne me plaît pas du tout. Alors je leur ai fait payer l'addition, avec double ration de frappes sur les sacs et menu non allégé pour la séance d'abdos. Dans la boxe, si on veut réussir, il faut travailler, durement, longtemps. Certains le comprennent, d'autres pas. Ceux-là ne font pas carrière.

Pour moi, la boxe, c'est toute ma vie. C'est bizarre, je crois que j'étais né pour ça. Pourtant je ne suis pas issu d'une famille de boxeurs ou de sportifs. Mon père était maçon, ma mère, femme au foyer. Et avec mes huit frères et sœurs, ça ne rigolait pas toujours chez les Vastine. Mais dans notre village de Fourmetot, en Normandie, nous vivions bien, ne manquions de rien. Même si nous ne roulions pas sur l'or. Et puis nous avons été élevés « à la dure », avec des valeurs, avec le respect des anciens et la crainte du père.

Les valeurs, voilà ce que j'essaie d'inculquer aux jeunes d'aujourd'hui, avec plus ou moins de succès. J'ai réussi à le faire avec mes cinq enfants, mais c'était une autre époque, ils sont grands aujourd'hui. Et c'étaient mes enfants. Avec les jeunes licenciés du club, c'est plus compliqué. Beaucoup n'ont pas les bases de l'éducation, beaucoup ne comprennent pas ce qu'est un référent, quelqu'un qui est là pour les instruire, les éduquer, les aider à devenir adultes.

Moi, tout gamin, et même si mon père se tuait à la tâche, je savais qu'il était là pour moi, qu'il voulait que je réussisse. Alors je l'écoutais, je lui obéissais. J'apprenais à ses côtés car l'école, j'y étais allergique. Ce qui m'intéressait, c'était le sport. Quand j'avais cinq ou six ans et qu'on me demandait ce que je voulais faire plus tard, je répondais : boxeur. Oui, je voulais faire de la boxe pour me défouler, moi le petit timide. Alors dès que j'en avais le temps, je tapais dans des sacs de sable. Oui, je voulais être boxeur et mon père m'a poussé à le devenir car il a vite compris que je ne serais pas un intellectuel qui allait s'asseoir huit heures par jour dans un bureau.

Il faut dire qu'il me parlait sans arrêt de Pierre Langlois, ce boxeur de Pont-Audemer qui, en 1954, à San Francisco, avait été battu au championnat du monde des moyens par l'Américain Carl Olson. En fait, mon oncle paternel était marié à la sœur de Pierre Langlois. Il faisait donc un peu partie de la famille. Mais lui, c'était un héros, une personnalité dans la région. Je ne l'ai vu que deux ou trois fois dans ma vie, quand j'étais gamin, et ce qui m'avait frappé, c'est qu'il avait les oreilles en chou-fleur.

Ça aurait pu me rebuter de pratiquer un sport où l'intégrité physique peut être compromise, mais pas du tout. Ce n'est pas lui qui m'a convaincu de pratiquer la boxe. J'étais fait pour ça. Et si ma sœur Roselyne s'est tournée vers la course à pied, finissant même championne de France, moi, j'ai mis les gants. Je me souviens qu'avec mon frère Hubert, notre père nous faisait mettre ses moufles de mobylette et organisait des combats de boxe dans la salle à manger. Autrement dit, chaque fois que je prenais un coup, ça faisait mal, et ça se finissait souvent avec des pleurs ! Mais qu'importe, j'y ai pris goût.

Puis, à quinze ans, un copain m'a emmené au boxing-club de Pont-Audemer et j'ai commencé à m'entraîner sérieusement, à monter de plus en plus souvent sur le ring, à recevoir mes premiers uppercuts, mes premières droites. Mais j'insistais, je voulais réussir, me relever, affronter, combattre, me faire un nom. J'étais vraiment à fond dedans.

Je faisais tout pour être le meilleur, je m'imposais un footing tous les jours. Dix kilomètres ! J'en faisais même trop. Je courais tout le temps dans la campagne. Et chaque fois qu'il y avait une croix en pierre comme celle de Manneville-sur-Risle, je m'arrêtais et je me mettais à genoux. Là, je faisais une prière pour me donner la force de continuer. Il y avait quelque chose là-haut qui me donnait le courage de m'investir à fond. Car quand tu es sérieux et que tu crois à quelque chose, si tu as l'envie, tu peux y arriver.

Je ne vivais donc que pour la boxe. La boxe, la boxe, rien que la boxe. Je voulais devenir un grand champion. Petit à petit, j'ai monté les échelons et après mon premier combat, le 6 février 1976, je me suis retrouvé tout en haut de l'affiche. Si bien qu'en 1981, j'étais classé numéro 1 français. Malheureusement, cette année-là à Villenave-d'Ornon, près de Bordeaux, j'ai échoué en finale du championnat de France amateur super-léger face à Antonio Vivarelli.

Convaincu que mon heure sonnerait, j'ai remis les gants, j'ai retravaillé mon jeu de jambes, pour revenir plus fort l'année suivante. Nouvelle désillusion. Nouvelle défaite, en finale cette fois, à Évreux, face à Philippe Arrendel. Écœuré mais pas résigné, après cinquante-sept victoires, onze nuls et dix-sept défaites en amateur, je suis passé pro. Je crois que j'étais né pour ça. Et j'avais tellement envie, tellement envie de bien faire, pour moi et pour mon père qui s'était mis à adorer la boxe. Il était là sans arrêt, à tous mes combats. Il était là pour m'encourager. J'y étais presque. J'ai été sélectionné en équipe de France avec Tiozzo, Nato et Jacob. Mais en pro, j'ai perdu mes sept combats aux points. Après neuf opérations à l'épaule, j'ai décidé d'arrêter. Contraint et forcé.

Il faut dire aussi que j'étais papa de deux petits bouts adorables : ma fille Cindy, cinq ans, et mon fils Adriani, deux ans. En plus, avec Sylvie, mon épouse, nous attendions la naissance prévue en novembre de notre troisième enfant. Nous savions que c'était un garçon. J'ai voulu l'appeler Giovanni. Mais Sylvie n'aimait pas ce prénom. Alors nous l'avons appelé Alexis.

Qu'il était beau, ce gosse, à la naissance ! Je me rappelle être remonté de Rodez, en voiture et en pleine nuit, pour assister à l'accouchement. À l'époque, je bossais là-bas quelques jours par semaine mais aussi les week-ends avec mon pote Thierry. J'étais videur dans une boîte de nuit. Cela nous permettait d'arrondir les fins de mois car avec mon salaire d'employé municipal, il ne fallait pas faire de folies.

Mais avec Sylvie, on s'en sortait. Comme moi, c'était une bosseuse. Et une vraie mère poule avec ses enfants. Au début, elle n'aimait pas trop la boxe, mais avec le temps… Elle préférait le handball. D'ailleurs elle a joué à haut niveau et elle a fait une belle carrière.

On s'est rencontrés au Café des Sports de Pont-Audemer. J'étais sportif mais assez timide, supertimide. Elle était sportive aussi, timide aussi, et tellement jolie. On a bu un verre, on a fait connaissance, nous sommes allés nous promener à Honfleur… ça s'est fait comme ça. J'étais tout jeune. Je crois que j'avais vingt et un ans, elle, dix-huit. Depuis 1979, nous sommes ensemble !

Bref, ce lundi 17 novembre 1986, comme j'avais eu le bonheur de le vivre quelques années plus tôt pour Cindy et Adriani, j'ai pu assister à la naissance de mon troisième enfant. Sylvie m'avait appelé la veille, dès les premières contractions. Elle était dans notre petit appartement HLM du centre-ville de Pont-Audemer. Aussitôt j'ai dit à Thierry avec qui je bossais à Rodez : « Il faut qu'on y aille, dépêche-toi ! »

En pleine nuit, nous avons pris la direction de Pont-Audemer. Nous avons traversé la France du sud au nord dans ma petite 4L et nous sommes arrivés juste à temps à la maternité. J'étais si heureux de prendre mon petit Alexis dans mes bras pour la première fois.

Puis il y a eu ses premiers cris, ce petit corps qui vient se blottir contre le ventre de Sylvie, le premier câlin, les premiers bisous et, pour nous, quelques larmes de bonheur de voir ce troisième petit ange combler notre déjà si belle famille.

Mon deuxième fils était né, il avait la peau toute douce et était déjà très calme. Je le revois, ce petit bout, ce bébé de 4,390 kilos. Ce bébé qui allait vite grandir, qui allait vite devenir notre fierté.

Car depuis, c'est un champion, un grand champion de boxe mondialement connu. Il vient de se remettre en selle pour participer en 2016 aux Jeux olympiques de Rio avec enfin, je l'espère, une issue heureuse.

En attendant, et parce qu'il adore les grands espaces, l'aventure et le défi sportif, il est parti depuis quelques jours en Argentine pour participer à un jeu télévisé.

La Chapelle-Bayvel
lundi 9 mars 2015, 23 h 30
Adriani Vastine, son frère

Soirée spéciale *Sister Act* ce soir à la télé. Après le « 2 », voici qu'ils diffusent le premier opus sur W9. C'est celui que je préfère. Whoopi Goldberg est géniale dans ce film. Même si ce n'est pas la première fois qu'il est programmé, je prends plaisir à le regarder avec mon pote Donovan chez qui je suis venu me ressourcer en Normandie. Ce soir, je dors chez lui. En ce moment, je préfère venir ici que chez mes parents qui habitent à une vingtaine de kilomètres. Maman a encore besoin de repos. Et puis c'est le dernier soir, demain, retour à Paris.

Comme tous mes autres amis ici, en Normandie, Donovan est très présent depuis la mort de ma petite sœur Célie en janvier. Son réconfort me fait du bien. C'est tellement difficile à avaler, à comprendre. D'autant plus que depuis qu'elle avait repris ses études à l'automne dernier, Célie habitait chez moi, à Champigny-sur-Marne.

Alexis aussi loge chez moi en ce moment. Dès qu'il rentrera d'Argentine, où il participe actuellement à un jeu télévisé, il prendra un nouvel appartement en colocation avec un de ses amis. Tant mieux ! Ça fera de la place dans mes placards ! Je n'en peux plus de toutes ses fringues ! Il en a des milliers. Il pourrait presque ouvrir une boutique. Pour l'instant, comme il squatte chez moi, mes armoires sont pleines, mes étagères débordent de vêtements et de chaussures qui appartiennent à mon frère. Un tee-shirt par-ci, un pantalon par là… Elles sont « classe », ces fringues ! S'il n'avait pas été boxeur, je pense qu'il aurait pu être mannequin. Il en achète tout le temps. Ce qui fait que de temps en temps, surtout quand il n'est pas là, je me sers. Sauf que la semaine précédente, il m'a passé un savon !

J'étais chez moi avec notre ami commun, le boxeur Abdelkader Bouhenia. Nous devions sortir. J'ai donc enfilé un tee-shirt, un pantalon et pris l'une des paires de chaussures d'Alexis. Abdelkader, connaissant très bien mon frère, m'a pris en photo avec son smartphone et la lui a envoyée, certain de le faire enrager.

Et là, dix minutes plus tard et alors qu'il est en Amérique du Sud pour son jeu, il m'a envoyé ce message incendiaire : « Tu m'énerves à tout le temps piquer mes fringues… Et enlève tout de suite ces chaussures, j'y tiens, je n'en retrouverai pas des comme ça ! »

Voilà, c'est tout Alexis. Il était furieux.

Mais je l'aime, c'est mon frère. Et comme on a quasiment la même stature, je peux m'habiller avec grande classe, grâce à lui. Mais sans lui dire.

Tiens, pourquoi Gwladys m'appelle à cette heure-là ?

« Adriani, c'est Gwladys ! Regarde I-Télé, ils parlent d'un accident d'hélicoptère sur un jeu en Argentine. Je crois que c'est le jeu d'Alexis ! »

Aussitôt je zappe et, effectivement, un bandeau annonce ce que vient de me dire mon amie Gwladys Épangue, la championne du monde de taekwondo. Mais l'information dit qu'il s'agit d'une équipe de télé, pas de sportifs. Ça me rassure un peu.

« Tu sais comment on peut savoir ?

– Je me renseigne et dès que j'en sais un peu plus, je te rappelle. »

Pendant ce temps, les premières images arrivent sur mon écran. Donovan est tout aussi effaré que moi d'apercevoir une épaisse fumée noire et ce bandeau qui explique qu'il y a eu un crash d'hélicoptère sur un jeu en Argentine.

Ce jeu, c'est *Dropped* ! La nouvelle émission d'aventure qui doit être diffusée sur TF1 l'été prochain. Alexis fait partie des concurrents. Mais c'est top secret. Rien ne doit filtrer quant au déroulement du jeu. C'est comme pour *Koh-Lanta*, les candidats sont soumis à une clause de confidentialité.

Avant-hier, lorsque je lui ai envoyé un message lui demandant si tout se passait bien, il m'a juste répondu qu'il avait facilement passé le premier tour et qu'il partait en Argentine. Rien de plus. Comme les autres, il est tenu au secret.

Dans ces conditions, il n'est pas facile de savoir ce qui se passe là-bas. Et puis quelle heure est-il en Argentine ? Je tente de l'appeler mais, sans surprise, je tombe sur sa messagerie.

« Je viens d'avoir Sylvain Wiltord au téléphone, m'annonce Gwladys qui m'a rappelé. Il me dit qu'il n'a rien mais qu'il ne sait pas pour les autres. »

L'ex-footballeur est un des candidats de l'émission. S'il dit cela, c'est qu'Alexis va bien.

Je tente toutefois de rappeler mon frère.

Toujours la messagerie.

Il faut que j'appelle mes parents !

Pont-Audemer,
lundi 9 mars 2015 à la même heure
Dans la maison familiale
Sylvie Vastine, sa mère

J'ai beau zapper, il n'y a rien à la télé ce soir. Des séries américaines, une émission de cuisine, des débats politiques, un film qu'on a déjà vu douze fois… De toute façon, mon esprit est ailleurs. Allongée en peignoir sur le canapé, je ne trouve pas le sommeil. Je ne trouve plus le sommeil depuis deux mois. Mon regard ne peut se détourner de la belle et grande photo de ma fille Célie, un portrait que j'ai fait encadrer et qui est posé sur le meuble bas à côté de la télé. Elle est belle, ma Célie. Elle est belle, mon ange. Alexis a beau me dire sans arrêt qu'elle est toujours là avec nous, que son corps n'est plus qu'une enveloppe mais que son cœur et son âme sont là, parmi nous, rien n'y fait. Depuis sa mort je suis dévastée. Depuis sa mort, je suis inconsolable. Mais il est tellement gentil, Alexis, de me rassurer, de me parler. Sa voix douce résonne en moi pour me rappeler sans cesse que Célie est là-haut, qu'elle veille sur nous depuis le 3 janvier dernier.

« Elle est là-haut, notre petite princesse », dit-il toujours, dès qu'il m'appelle pour me réconforter.

Célie, c'est la petite dernière de la famille, elle est née le 1er décembre 1993, quatre ans après Cassie. Comme ses frères et sœurs, elle est née à Pont-Audemer. Comme pour ses frères et sœurs, Alain était présent, avec du retard, mais il est arrivé à temps pour voir naître cette jolie poupée de 4,350 kilos.

Comme ses frères et sœurs, elle n'a pas connu la crèche. C'est moi qui l'ai élevée. J'ai élevé tous mes enfants. Ce n'est qu'après, lorsqu'ils ont tous été à l'école, que j'ai repris le travail. Mais Célie n'aimait pas beaucoup l'école. Elle préférait jouer avec ses copines. Elle était pleine de vie. Il fallait qu'elle bouge. Elle était heureuse quand elle était dans son monde, avec son maquillage, ses copines, ses jeux. Et puis, en voyant ses deux frères et sa grande sœur mettre les gants, elle a voulu faire de la boxe. Quand elle voyait Cindy, elle l'imitait. Quand je prenais une photo de Cindy en tenue de boxeuse, elle se mettait derrière et fermait ses petits poings. Elle voulait faire pareil.

Alors Alain a commencé à la prendre sous sa coupe. Elle n'avait que sept ans. Mais elle était douée, très douée, super-douée. Elle avait le même talent qu'Alexis, exactement le même talent. Elle avait tous les talents. Elle a commencé par la boxe éducative et a tout de suite gagné. En trente combats, elle n'a perdu que trois fois. Si bien qu'en mai 2008, elle est devenue championne de France cadette de boxe éducative en battant Soumaya Bouhlala 39-2. Une correction. Puis elle est passée amateur en moins de 60 kilos et a été quart-de-finaliste aux championnats du monde junior en Turquie, en 2011, battue par une Chinoise, et ensuite quart-de-finaliste aux championnats d'Europe.

Son père, ainsi que la Fédération française, voulait qu'elle intègre l'Insep, l'Institut national du sport, de l'expertise et de la performance. Ses deux frères y étaient déjà. Mais elle avait refusé.

« Tu te rends compte, Célie, beaucoup paieraient pour aller à l'Insep, lui avait dit Alain, fou de rage. Toi, on te demande de venir, on te propose une place, tu ne veux pas ! »

Alain avait été profondément blessé par ce refus. Il savait que sa gamine avait du talent. Il avait décelé un énorme potentiel chez notre fille. Mais notre Célie voulait suivre un autre chemin.

Ont suivi quelques années difficiles avec elle, un dialogue impossible et un conflit père-fille de plus en plus pesant.

Mais depuis plusieurs mois, Célie allait mieux, surtout depuis qu'elle avait rompu avec « l'autre ». Un mec qu'elle n'aurait jamais dû fréquenter. Enfin libre et redevenue elle-même, elle avait repris les études. Elle voulait être aide-soignante ou travailler dans l'aide à la personne, aux handicapés. Elle était inscrite dans une école à Paris. Comme ça, elle était proche de ses deux frères. Ils se voyaient souvent. Nous avions tout fait pour l'éloigner de Pont-Audemer et des mauvaises fréquentations qui lui avaient valu quelques soucis.

À Paris, tout se passait bien. Elle était contente, elle avait aussi repris la boxe dans un club à Saint-Maur-des-Fossés. Elle se sentait mieux. Elle était redevenue la jolie et gentille fille que j'avais mise au monde.

Sa reconstruction était passée par notre séjour, l'été précédent, chez Roselyne, la sœur d'Alain qui vit dans le sud de la France. J'étais contente d'avoir profité d'elle parce que, depuis plusieurs années, le dialogue était compliqué. Mais là, elle aussi était heureuse. Elle avait tourné la page, elle voulait vivre une vraie vie, pas celle que l'on trouve dans les artifices qu'on lui avait fait prendre. Là, entre Marseille et Cassis, elle aimait le soleil, elle aimait la plage, elle aimait être avec moi.

Je suis déjà contente d'avoir vécu ces moments avec Célie. On faisait les magasins, on allait au restaurant, on buvait des verres en terrasse, on bullait sur nos serviettes. Et on se parlait, on se parlait énormément.

C'est là-bas que j'ai eu l'occasion de véritablement parler avec ma fille, de lui dire combien j'avais eu peur pour elle, de lui expliquer mon soulagement de la savoir enfin mieux dans sa peau, mieux dans tête.

Pour elle, tout allait bien. « Ne t'inquiète pas maman, je vais faire ci, je vais faire ça. »

J'aimais y croire. Je savais qu'à Paris, Alexis et Adriani veillaient sur elle. Mais dès qu'elle revenait le week-end à Pont-Audemer, malheureusement, c'était pour voir ses copains, pour faire la fête.

Ce vendredi 2 janvier 2015, lorsqu'elle m'a dit au revoir, je lui ai dit de faire attention. D'ailleurs je ne m'attendais pas à ce qu'elle sorte. Elle n'était pas habillée pour sortir. D'habitude quand elle sortait, elle se pomponnait. Là, non. Elle m'a dit qu'elle partait dîner chez un ami qui fêtait son anniversaire. Il l'avait appelée vers 19 heures pour lui demander de se dépêcher, parce qu'ils avaient encore quelques courses à faire.

Elle est donc partie avec son jean et sa doudoune verte. Elle m'a embrassée, vite fait. Elle a dévalé les escaliers. Elle est montée dans cette voiture…

C'est la dernière fois que je lui ai dit au revoir.

Je lui ai dit : « Fais attention à toi. » Elle me tournait déjà le dos, trop pressée d'aller s'amuser.

C'est la dernière fois que j'ai vu ma fille.

Elle devait revenir le lendemain, manger avec nous avant de retourner à Paris pour reprendre l'école, le lundi.

Et depuis, j'ai cette image d'elle. Elle que je n'ai pu retenir à la maison ce soir-là. Mais comment aurais-je pu savoir ce qui allait se passer ?

Pourtant je lui ai toujours dit de ne jamais monter avec quelqu'un qui boit. Mais bon. Je savais qu'elle était bonne vivante et qu'elle aimait faire la fête le week-end. Quand elle est partie ce soir-là avec ce garçon, je ne m'attendais pas à ce qu'il me la tue.

Maintenant, je repense souvent à cette phrase que Célie nous disait souvent lorsqu'elle sortait le soir avec ses amis.

« De toute façon, c'est peut-être bizarre à dire, mais je sens que je partirai jeune ! »

Elle le disait en rigolant, mais elle nous le disait à chaque fois.

« Je sens que je partirai jeune. »

À l'étage de la maison familiale,
Alain

C'est un peu comme si j'étais dans un demi-sommeil. Je suis pourtant allongé au chaud sous la couette. Je dormais bien jusque-là, mais quelque chose me réveille peu à peu. Je glisse mon bras machinalement à côté de moi, Sylvie n'est pas dans le lit. Elle gémit pourtant. Je l'entends. Des gémissements, ou plutôt des pleurs. En fait, maintenant que je suis totalement réveillé, je comprends que ce sont bien des pleurs qui viennent d'en bas. C'est Sylvie. Elle est comme ça depuis la mort de Célie, elle pleure beaucoup. Elle pense à tout ce qu'on aurait pu faire pour éviter ça. Mais elle ne doit pas s'en vouloir, elle ne doit pas se sentir coupable ou avoir des regrets. Nous n'y pouvions rien. C'était un accident, dramatique, mais un accident. Cruel.

Mais là, elle pleure plus que d'habitude. Et elle parle. De la chambre du haut, je l'entends gémir. Ses mots, ses phrases montent par l'escalier en colimaçon pour arriver jusqu'à moi. Je les perçois distinctement maintenant, car elle parle un peu plus fort, puis elle crie : « Mais c'est pas vrai, c'est pas vrai !!! »

Ses mots résonnent dans notre maison : « C'est pas vrai, c'est pas vrai ! »

Je ne prends pas le temps de m'habiller. Je descends l'escalier à toute vitesse et la découvre effondrée près de son téléphone.

« Qu'est-ce qui t'arrive, qu'est-ce qu'il y a ? »

– Un hélicoptère s'est écrasé en Argentine, là où Alexis tourne son émission de télé. Il paraît qu'il y a plusieurs morts. »

Hélicoptère. Alexis. Morts. J'ai du mal à assembler le tout. J'ai du mal à comprendre ce que Sylvie me dit alors qu'elle s'effondre dans le canapé, la tête entre les mains.

« Attends, je reviens ! Mais ne t'affole pas, ça n'a rien voir avec Alexis. »

Pourtant, dans ma tête, au moment où je remonte dans la chambre pour m'habiller, je comprends ce qui se passe, je comprends l'association de ces trois mots : « hélicoptère », « Alexis », « morts ».

« Ne t'affole pas, ce n'est pas Alexis ! C'est un accident d'hélicoptère. Alexis, il est dans la brousse pour ses épreuves. Tu te rappelles, il nous l'a dit avant de partir, que ce jeu c'est de marcher dans les montagnes, dans des coins escarpés. L'hélicoptère, ça doit être quelqu'un d'autre. Ne t'inquiète pas, ce n'est pas Alexis. Et d'abord, qui t'a dit ça ? »

– Adriani vient de m'appeler, il venait d'avoir un appel de Gwladys Épangue. Elle lui a dit qu'il y avait eu un accident sur le tournage de l'émission.

– Et alors ?

– Pour l'instant il n'en sait pas plus, il se renseigne, il doit me rappeler. »

Pendant que Sylvie continue de crier, de pleurer, de répéter « Mais ce n'est pas vrai, qu'est-ce qui nous arrive ? », je prends la télécommande et je zappe pour trouver les chaînes d'information en continu. Elles parlent d'une attaque au Mali qui a fait dix morts, des proches de Coulibaly qui ont été placés en garde à vue, de Solar Impulse 2 qui a atterri à Oman, mais pas d'un accident d'hélicoptère en Argentine.

« De toute façon, Adriani va nous rappeler ! Alexis n'a rien à voir avec cet accident. »

Mais au moment où je dis ça, un bandeau apparaît sur l'écran de télévision. Un bandeau rouge « URGENT ». Un bandeau annonçant le crash d'un hélicoptère en Argentine. Je monte le son, le présentateur parle encore des élections départementales à venir, mais lui aussi change de ton, prend un papier et annonce le drame :

« On vient de l'apprendre : dix personnes sont mortes ce lundi dans la collision en plein vol entre deux hélicoptères, dans une zone touristique de La Rioja, dans le nord de l'Argentine.

Il y aurait dix morts, aucun survivant. L'un des deux hélicoptères était utilisé pour réaliser un tournage. »

Avec Sylvie, nous ne quittons plus la télé des yeux.

La Chapelle-Bayvel
mardi 10 mars 2015, 0 h 45
Adriani

Cela fait trois ou quatre fois que j'essaie d'appeler Alexis. Mais toujours le même résultat. Je n'arrive à joindre personne. Bizarre. Ici il est tard, mais je me suis renseigné : en Argentine, c'est l'après-midi. Comment savoir ce qui se passe ? Gwladys non plus n'a pas de nouvelles.

À la télé, les images sont toujours les mêmes. Les informations tournent en boucle et rapportent toujours la même chose. Un accident d'hélicoptère, en Argentine, un jeu, des morts, une dizaine.

Mais ça ne peut pas être Alexis.

Il allait là-bas pour gagner.

D'ailleurs, quelques jours avant de partir, il m'avait dit que la seule chose qui pourrait l'arrêter dans ce jeu, ce serait de mourir dans la jungle, mordu par un serpent ou piqué par un scorpion.

Mon téléphone sonne. Ça doit être Alexis qui me rappelle. Il a dû voir que j'essayais de le joindre.

Mais je ne connais pas le numéro qui s'affiche sur mon écran de portable. Ce n'est pas celui de mon frère. D'habitude, à cette heure-là, je ne réponds pas. Mais là !

« Adriani ! »

C'est une voix que je ne connais pas. Une voix lointaine. J'ai subitement très peur.

Depuis près de deux heures, j'attends un appel, j'attends qu'on me donne des nouvelles. Mais c'est Alexis que je veux entendre pour qu'il me dise que tout va bien.

C'est Alexis qui devrait me parler. Pas cette voix qui m'est pourtant familière. Mais elle est si lointaine et visiblement très émue.

« Adriani, c'est Alain Bernard. »

Mon cœur bat plus fort.

« Écoute, Adriani, il faut que tu sois fort. Alexis était dans l'hélicoptère. »

Non, non, non… pas ça !

Je hurle, je crie de toutes mes forces. En une fraction de seconde, le frisson de l'appel s'est transformé en une décharge de Taser qui m'électrise.

Notre ami Alain continue de parler, mais je ne l'entends plus, je ne l'écoute plus.

« Il faut que je raccroche, il faut que je raccroche », lui dis-je en jetant mon téléphone sur le canapé.

Donovan me regarde, il a compris.

Aussitôt je lui annonce qu'il faut qu'on parte, qu'il faut qu'il m'emmène chez mon oncle Gilles, le frère de mon père. Il habite quelques maisons plus loin. Lui saura quoi faire. Lui saura me conseiller, car je ne peux pas appeler mes parents pour leur annoncer la mort d'Alexis. Je ne peux pas.

Maman ne cesse de tenter de me joindre depuis tout à l'heure. Je ne peux pas lui dire au téléphone.

En me voyant devant sa porte, Gilles, que je viens de réveiller en pleine nuit, a compris qu'il se passe quelque chose de grave. Il prend les choses en main. Il réveille ma tante, lui demande d'aller chercher les sœurs de papa et une partie de la famille. Il faut que nous y allions, ensemble.

Pont-Audemer,
Dans la maison familiale
Sylvie

Près de deux heures que nous attendons, que nous espérons des informations. Le temps s'est arrêté, mais les minutes passent si vite que chaque fois que j'appelle Adriani, il me répond qu'il attend aussi, qu'il a les yeux rivés sur son téléphone, qu'il passe des coups de fil à tout le monde pour en savoir plus.

Mais depuis vingt minutes maintenant, il ne répond plus. Il doit être en ligne. Il va me rappeler.

Ici le silence règne. Alain remue, fait les cent pas, commence à transpirer, passe d'une chaîne à l'autre, mais toujours pas de nouvelles informations à la télé.

Ils repassent toujours le même bandeau, prononcent toujours les mêmes mots, montrent les mêmes images de cette fumée noire dans le ciel. Des mots, des phrases, des images qui résonnent dans nos têtes et qui arrivent comme des uppercuts chaque fois qu'ils annoncent le nombre de morts. Je me sens mal, j'ai envie de crier mais je me contiens. Je suis de plus en plus effondrée, mais je reste debout, je ne tiens pas en place. J'allume cigarette sur cigarette, je ne cesse de m'essuyer les yeux.

La pendule de la cuisine affiche 1 heure du matin passée, les aiguilles tournent mais le temps est suspendu. L'attente est insoutenable. Il faut que je rappelle Adriani, il doit en savoir plus. On a forcément dû le prévenir de quelque chose, lui dire ce qui s'était passé. Il connaît beaucoup de monde. Il doit avoir les numéros de portable de certains sportifs partis avec Alexis en Argentine.

Moi, ça fait dix fois, cent fois que j'essaie d'appeler Alexis sur son portable. Dix fois, cent fois que je tombe directement sur sa messagerie. Alain a beau me dire qu'Alexis nous avait prévenus qu'il était impossible de le joindre car la production leur a interdit les téléphones, je n'arrive pas à me résigner. Il faut que j'essaie, encore, toujours. Et Adriani qui ne rappelle pas !

Mais soudain je l'aperçois, dehors, dans le jardin. Il est là, il vient de passer le portail. Les chiens aboient. Il fait nuit noire, mais je le devine arriver vers moi. Je ne rêve pas. C'est bien mon fils, c'est Adriani qui arrive jusqu'à la porte.

« Qu'est-ce qu'il y a ? Qu'est-ce qui se passe ? », me demande Alain, qui a visiblement vu que je viens de changer de couleur, que je tremble.

« C'est Adriani, il est là, dehors. Il y a aussi ton frère Gilles. »

Effectivement, une partie de la famille l'accompagne. Dans la pénombre de la cour, j'aperçois aussi Alain et Sylvie, Patricia, Dominique, Roseline, Marine… Ils arrivent en groupe. Ils semblent tous effondrés. Ils avancent à petits pas comme s'ils ne voulaient pas entrer, nous affronter, nous annoncer la terrible vérité.

Car en voyant mon fils approcher de la maison, en le voyant franchir le seuil de la porte, je comprends tout de suite ce qui arrive. Jusqu'alors nous ne savions pas, jusqu'alors nous refusions d'y croire. Nous nous accrochions à ce bandeau sur la télé, à ce téléphone qui ne sonne pas. En une fraction de seconde, je viens de comprendre qu'un nouveau malheur vient de s'abattre sur nous. Adriani est là, dans l'entrée, chancelant, les yeux rougis par les larmes, le visage défait. Il tient à peine debout.

« Maman, c'est Alexis, c'est Alexis ! Il est mort. Alexis, il est mort. »

Alain

Je m'écroule. C'est comme une droite qui arrive en pleine figure, comme un poing qui fracasse le foie. J'ai la tête qui explose, je tente de comprendre ce qui se passe, ce qui a pu lui arriver. Il était si content d'aller là-bas !

« Merde, il n'a jamais eu de chance ce gamin, jamais eu de chance. »

Je suis effondré, je pleure, nous pleurons tous. Personne ne trouve le mot juste pour réconforter l'autre. Personne ne sait quoi dire. D'ailleurs, que dire ! Je tente de prendre Sylvie par le cou pour la réconforter, mais elle s'écroule sur la chaise, au bord du malaise. Adriani à son tour tente de la réconforter, mais il est si mal qu'il peine à retenir ses larmes et à respirer.

« Mais tu es sûr, c'est bien lui qui était dans l'hélicoptère ?

– Oui papa, c'est bien lui, c'est Alain Bernard qui me l'a dit. C'est lui qui m'a téléphoné pour me l'annoncer. Ils étaient ensemble à ce jeu. »

Je revois mon Alexis souriant, je le revois encore il y a quelques jours. Il était ici, avec nous. Il était motivé, il était ravi de partir en Argentine.

Je monte le son de la télé un peu plus fort comme pour m'accrocher à un infime espoir. Espoir que ce ne soit pas lui, espoir qu'on me dise que c'est un autre mais pas lui, pas Alexis !

« Mais qu'est-ce qu'on a fait au Bon Dieu pour mériter tout cela ? Qu'est-ce qu'on a fait pour être punis comme ça ? On est maudits ! On est une famille maudite ! »

À la télé, ils ne savent pas. Ils passent des images, mais rien de plus. Toujours ce bandeau qui défile et qui indique qu'il y a dix morts. Toujours pas de noms. Pourtant, ce nom, nous le connaissons, c'est le nôtre.

Mais je m'accroche, même si Adriani est formel…

Lieurey,
mardi 10 mars 2015, 1 h 15 du matin
Cassie, sa jeune sœur

Mon téléphone vibre sous l'oreiller. Comme toutes les nuits, je l'ai mis en mode silencieux pour ne pas réveiller ma fille qui dort dans le berceau, à côté.

Depuis sa naissance en novembre dernier, Livia dort dans notre chambre. Je n'arrive pas à passer cette étape de la mettre seule dans une autre pièce. C'est encore un bébé. Il faut dire aussi que depuis deux mois, tout est difficile. Il y a déjà l'apprentissage de ma vie de maman, nous vivons chez les parents de Romain, et pour couronner le tout il y a eu le décès brutal de ma petite sœur en janvier dernier.

Ce jour-là, quand au petit matin Cindy m'a téléphoné pour m'annoncer que Célie était morte dans un accident de voiture, mon téléphone était aussi tout près de mon oreiller. J'ai hurlé en apprenant la nouvelle. J'ai hurlé à m'en briser les cordes vocales et ma petite princesse s'est réveillée en se mettant aussi à crier très fort.

Alors cette nuit, en regardant mon téléphone, c'est la première pensée qui me vient. Ne pas la réveiller dans son sommeil. M'extraire au plus vite de ce lit et aller dans le couloir pour décrocher, car je m'attends à une mauvaise nouvelle. C'est maman qui m'appelle. J'espère qu'il n'est rien arrivé à mes petits neveux.

« Cassie, c'est maman. »

Ma mère pleure, je suis encore dans un demi-sommeil mais je l'entends sangloter. Il y a du bruit derrière elle, elle n'est pas toute seule.

« Cassie, c'est Alexis. Alexis est mort.

– Non, non, ce n'est pas possible, ce n'est pas possible ! C'est une tragédie !

– Oui, c'est une tragédie, reprend ma mère avant que mon oncle Gilles lui arrache le téléphone des mains.

– Cassie, c'est Gilles, ne bouge pas, on vient te chercher.

– Non, non, j'arrive ! Romain va me conduire. »

Romain aussi s'est réveillé en sursaut en entendant mon téléphone. Romain aussi voit qu'un drame vient une fois de plus de nous toucher. Il me regarde, hagard, puis me prend dans ses bras.

« Conduis-moi vite là-bas et réveille tes parents, il faut qu'ils gardent Livia. »

Sur la route qui mène à la maison de mes parents, j'ai l'impression que ma tête va exploser. Non, pas deux fois. Pas Alexis !

J'ai encore parlé de lui hier à mon travail avec ma collègue Anaïs qui me demandait de ses nouvelles. Et moi je lui ai fièrement répondu qu'il était en Amérique du Sud depuis quelques jours, qu'il participait à jeu télévisé, une sorte de *Koh-Lanta*, et qu'il devait bien s'éclater là-bas au soleil.

La veille, j'avais aussi communiqué avec mon frère sur Facebook. J'avais vu qu'il était connecté. Comme il était en ligne, j'ai pensé qu'il devait déjà être sorti de ce jeu. Alors je lui ai envoyé un message en lui demandant :

« Ça y est ! Tu es éliminé ? »

Il m'avait répondu dans la seconde :

« Bonjour, déjà. »

Puis nous avions eu une brève discussion, il m'avait précisé que les candidats avaient le droit de se connecter sur un ordinateur mis à leur disposition par l'organisation. Mais pas plus de dix minutes chacun. Et il avait conclu en m'écrivant :

« Dis à maman que tout se passe bien. Qu'on dort à la belle étoile et que je suis accompagné d'une bonne étoile. »

Sylvie

Cassie vient d'arriver à la maison. Comme son frère, elle est abattue. Moi, il faut que je reste forte. Il ne faut pas que je craque devant eux. Je dois me contenir pour eux, pour les aider à surmonter ce nouveau malheur. Car depuis qu'Adriani est arrivé avec le reste de la famille, Alain est effondré dans son fauteuil. Il pleure à gros sanglots, ne cesse de répéter que nous sommes maudits, qu'Alexis n'a jamais eu de chance. Lui, comme moi, a mal vécu, digère mal et n'accepte pas la disparition de Célie. Pour lui comme pour moi, c'en est trop aujourd'hui.

Mais l'urgence à présent est de gérer la situation et d'aider nos enfants à ne pas flancher, à ne pas craquer. Voilà pourquoi il faut que je prévienne Cindy avant qu'elle ne l'apprenne par quelqu'un d'autre. Elle est tellement fragile, Cindy, que je préfère aller jusque chez elle pour lui annoncer moi-même. Car je sais pertinemment qu'elle va craquer. Elle est tellement à fleur de peau depuis le décès de sa jeune sœur que je redoute le pire.

Cassie et ma belle-sœur décident de m'accompagner jusqu'à son immeuble.

Pont-Audemer,
mardi 10 mars 2015, 2 h 20 du matin
Cindy, sa grande sœur

On frappe à ma porte. Mais qui est le crétin qui tape à cette heure-ci ? Je n'en peux plus de cet appartement, de cet immeuble, de ce quartier. Régulièrement, en pleine nuit, je suis dérangée par des bruits dans l'escalier, par des gens qui donnent des coups dans ma porte, qui parlent fort.

Mais là, on frappe. Et on insiste. Mon chien aboie.

Il faut que je me lève. J'espère que mes enfants n'ont pas été réveillés.

Furieuse, j'ouvre ma porte et je tombe nez à nez avec ma sœur et ma tante. Elles sont là, plantées devant moi, essoufflées d'avoir monté les quatre étages à pied.

« Oh non, qu'est-ce qu'il y a encore ? »

Je fais comme un début de malaise en croisant le regard de Cassie. Je l'agrippe par sa doudoune. On est en pleine nuit, elle a les yeux rougis. Je redoute le pire.

« Souffle, souffle, me dit-elle. Souffle, Cindy, souffle ! C'est Alexis, il est mort. »

Mes jambes ne supportent plus le poids de mon corps. Je m'écroule dans l'entrée. Ma tête est lourde. Je hurle. Je crie. Je suis à terre et je n'arrive plus à me contrôler. Je suis à terre et j'aperçois maman monter les dernières marches. Elle est exténuée. Elle est livide. Elle s'agenouille à mes côtés, me prend dans ses bras, me glisse quelques mots à l'oreille que je ne perçois pas tant ma douleur est immense et me transperce le corps.

Je finis, avec l'aide de ma tante, par me relever. Je tremble comme une feuille. Cassie m'apporte un verre d'eau. Je peine à le boire, ma bouche, ma main, mon bras, je ne maîtrise plus rien. Je parviens toutefois à m'asseoir à la table de la salle à manger, je regarde maman.

« Je n'arrive même pas à pleurer, maman !

– Moi non plus, Cindy, moi non plus ! »

J'apprends que mon petit frère est mort dans un accident d'hélicoptère qui vient de se produire en Argentine. Que l'accident a fait dix morts.

J'espère qu'il n'a pas souffert.

Alain

Trois heures du matin, Sylvie et Cassie sont rentrées à la maison avec Cindy qui est immédiatement allée coucher Enzo et Paolo dans le lit du haut.

Trois heures du matin et toujours aucune confirmation officielle. Pas un appel de l'équipe de production, pas un message émanant d'une quelconque autorité. Mais très vite, je comprends que le coup de semonce va être porté. Je comprends que ce que nous redoutons tous va malheureusement être officialisé.

Par la porte-fenêtre, j'aperçois mon copain Philippe. Il est en tenue de gendarme. Une femme l'accompagne. Je sais ce que cela signifie. Ils ont certainement garé leur voiture un peu plus bas, je les vois arriver à pied, pousser le portail, arriver jusqu'à la porte. Ils frappent. Je n'ai pas le courage de me lever. Je suis assis juste là, à la table, en face de la porte, mais je n'ai pas le courage de me lever. La porte s'ouvre, Philippe a les yeux rougis. C'est la femme gendarme qui parle en premier, elle ne sait comment débuter sa phrase, alors je la regarde et lui dis :

« Nous sommes déjà au courant, un ami de notre fils qui est sur place nous a prévenus.

– Toutes nos condoléances », reprend-elle.

Puis elle se présente : « Capitaine Rose-Anne Vaillant, commandant de la compagnie de gendarmerie de Pont-Audemer. »

Cette grande femme blonde nous parle doucement, tente de réconforter Sylvie. Elle doit avoir des enfants pour trouver les mots justes en de pareilles circonstances.

« Nous attendons encore des confirmations de l'Argentine, mais c'est bien votre fils Alexis qui était dans l'hélicoptère, avec deux autres sportifs, Florence Arthaud et Camille Muffat. Les autres victimes sont des membres de l'équipe de tournage de l'émission et les pilotes. Il semblerait que les deux hélicoptères se soient percutés en plein vol quelques instants après le décollage. »

Et pendant que Sylvie prépare le café, je regarde cette femme gendarme. Son visage me rappelle quelque chose. Forcément, je l'ai déjà vue. En une fraction de seconde, je retrouve la mémoire. Je revois cette femme, pareillement vêtue. C'était il y a deux mois, lorsqu'on m'a appris la mort de Célie. C'est elle qui, voyant que je n'allais pas bien, avait demandé à Philippe de m'accompagner à la morgue pour reconnaître le corps de ma fille. « Il ne faut pas laisser le père tout seul, il faut l'accompagner », avait-elle dit.

Et Philippe m'avait accompagné. C'est un gentil. C'est un super-gars. On se connaît depuis plusieurs années grâce au sport. On faisait du sport ensemble à la salle de musculation. On faisait du vélo aussi. Ça a duré plusieurs années. En plus, c'est un Aveyronnais. Et comme je suis souvent allé en Aveyron, j'ai tout de suite reconnu son accent. Philippe, c'est un mec droit. Et si tu as besoin de lui, il est là.

À ce moment, sa présence me fait du bien. Parce que plus les minutes passent, plus je me demande si je rêve, si je vais me réveiller, si ce cauchemar va enfin cesser.

Voilà maintenant le maire de Pont-Audemer qui arrive chez nous. Je connais bien Michel Leroux. J'ai souvent affaire à lui pour la boxe. Il connaît bien Alexis également. Grâce à mon fils, sa ville est connue dans toute la France. Grâce à tous ses exploits, ses combats, on sait situer Pont-Audemer sur une carte. Et tout cela grâce à Alexis, mon Alex, mon champion.

Quand il est né, j'étais à fond dans la boxe, je tentais de faire carrière au plus haut niveau avec l'espoir d'être un jour l'égal des grands champions français comme ont pu l'être Cerdan ou Bouttier. Quand il est né et même après, c'est sa mère qui s'est occupée de lui, comme une maman poule, comme la maman que chaque enfant rêve d'avoir.

Sylvie a élevé nos cinq enfants, s'est occupée d'eux au quotidien, leur a donné tout l'amour qu'une mère peut donner.

Très vite après la naissance d'Alexis, on a quitté l'appartement de Pont-Audemer pour aller vivre à la campagne. J'ai fait construire une maison, au village de Fourmetot. Là, nos enfants pourraient vivre au calme, au bon air pur. Idéal pour une vie saine. Idéal pour faire du sport.

Car très vite, mes deux garçons sont devenus surdoués pour le sport. Alexis comme Adriani touchaient à tous les sports, ils jouaient au foot, ils gagnaient des cross. Mais rapidement, je leur ai appris la boxe, j'ai voulu faire de mes deux petits ce que je rêvais d'être, un champion, un grand champion.

Oui, je peux le dire aujourd'hui, je les ai forcés, je les ai forcés à faire de la boxe dès leur plus jeune âge. Et comme au début ils avaient du mal à adhérer, en contrepartie je leur donnais des pièces pour les récompenser, pour les encourager.

Alors dès que nous avions un peu de temps, dès la sortie de l'école primaire et à peine les cartables posés dans l'entrée, je leur parlais de boxe, je leur disais que c'était le plus beau de tous les sports. Et rapidement je leur ai fait travailler la technique dans les gants.

À plusieurs reprises, ils n'ont plus voulu boxer, ils se mettaient à pleurer. Alors je leur donnais une pièce de plus, un franc ! Je les payais pour qu'ils persistent. Je leur donnais une pièce pour qu'ils aillent s'acheter des bonbons. Quand Alexis me disait qu'il ne voulait pas, je lui disais : « Si tu prends ta leçon, je te donne tant… » Alors il prenait sa leçon. Ça a duré un certain temps comme ça. Mais ils se sont vite pris au jeu et ils ont commencé à aimer la boxe.

Je voulais qu'ils deviennent des champions, des compétiteurs. Alexis n'avait que six ans, Adriani deux de plus.

Alexis a commencé par faire de la boxe éducative. C'est une boxe qui consiste à ne pas nuire à son adversaire. On doit s'imposer par sa qualité technique et tactique, mais en aucun cas par la puissance de ses coups. Ça demande une maîtrise totale de l'impact, sous peine d'être sanctionné. Et l'arbitre y veille !

À l'époque, je travaillais en ville et le soir je leur donnais des cours. Je leur montrais comment porter des coups sans les appuyer. Et comme tous les deux se débrouillaient bien, je les ai inscrits à leurs premiers combats. Du haut de ses six ans et demi, Alexis était déjà très doué. Il avait ça dans la peau. Alors je l'ai inscrit au championnat de France. Comme il n'avait pas l'âge requis pour combattre, je l'ai inscrit sous le nom de son frère. Il faut dire qu'ils se ressemblaient tellement que personne n'a rien remarqué.

Quelque temps plus tard, j'ai été sanctionné pour avoir inversé les licences et fait boxer Alexis alors que c'était interdit aux moins de huit ans. J'ai payé pour ça. Mais depuis, et peut-être grâce ou à cause de moi et d'Alexis, l'âge requis pour commencer a été fixé à six ans. Déjà à cette époque, il était précurseur, mon fils !

Il a perdu ses deux premiers combats de boxe éducative. Pourtant, il ne s'est pas découragé. Lorsque je rentrais le soir et qu'il avait terminé ses devoirs et joué dans le jardin, on mettait les gants et on travaillait sa technique. Plus les semaines passaient, plus il prenait confiance. Puis il a commencé à gagner. Il gagnait aisément, il gagnait avec la manière. Il m'étonnait un peu plus à chaque combat, il savait tout faire.

À l'entraînement avec Adriani, je leur apprenais beaucoup le déplacement, le coup d'œil, le toucher. Je leur répétais sans cesse : « Il faut faire comme une abeille, tu piques et tu t'en vas. » Je visionnais des cassettes de boxe américaine. Les États-Unis avaient à l'époque de super-techniciens. Je reproduisais ensuite tous ces gestes, toute cette belle boxe. La base de la boxe, pour moi, c'est la technique, des beaux coups bien donnés, des coups mais pas de bagarre. C'est le style de boxe que j'ai enseigné à mes fils. Tout dans le déplacement. Comme disent les Cubains, le déplacement, c'est 80 % de la boxe. Et Alexis l'a très vite compris.

Au début, chaque fois qu'il montait sur le ring, je me souciais de savoir ce qu'il allait donner. Est-ce qu'il n'allait pas avoir peur des coups ? Parce qu'à l'entraînement certains gamins sont des champions, mais une fois sur le ring ils ne valent plus rien. Pour Alexis comme pour Adriani, c'était tout le contraire. C'étaient des guerriers !

J'ai rapidement su qu'Alexis allait s'adapter, qu'il allait devenir un vrai boxeur. Je l'ai vu en observant son comportement sur le ring. Dans ses premiers combats, il boxait en ligne et, tout de suite, quand il montait sur le ring, c'était pour gagner, pas pour faire de la figuration. *Idem* pour Adriani !

Mais je ne leur disais jamais qu'ils étaient bons. Je leur faisais toujours remarquer : « Faites attention, il y a toujours plus fort que soi, il y a toujours du travail à faire. » Sinon ils auraient eu la grosse tête. Je préférais les encourager : « Tu as fait un super-combat, c'est bien, mais il faut encore travailler. »

Et avec eux, je détaillais toutes les petites choses qui n'allaient pas. On retravaillait toujours, car il ne faut jamais se dire qu'on est le plus fort… jamais.

Alexis montait sur le ring pour faire un résultat et pour avoir un « GP » sur la licence, deux lettres qui signifient « gagner ». Souvent, il me demandait : « Montre-moi ma licence, papa ! » Alors je la lui montrais.

Tout jeune déjà, Alexis était différent sur le ring. Il était concentré et ce qui me surprenait, c'était son acharnement, sa volonté de bien faire.

Je lui disais : « C'est bien, mon Alex, continue comme ça, continue. » Ça le rendait joyeux et il y retournait. Il le faisait avec amour mais aussi pour lui. Et il le faisait à la perfection, il voulait toujours bien faire, il exécutait les gestes, il m'écoutait, il était appliqué.

À huit ans, Alexis avait trois entraînements la semaine au club, plus les compétitions le samedi, plus les entraînements et conseils spécifiques à la maison. Sylvie avait beau me dire de le laisser un peu tranquille, je n'écoutais pas. J'étais certain d'avoir avec moi la perle rare. Le futur grand champion. Je le savais, je le sentais.

Avec Adriani, ils ne manquaient jamais un entraînement, même si je pense qu'au début ils le faisaient pour moi. En réalité, ils n'avaient pas le choix. J'étais dur avec eux, trop peut-être. Mais par la suite, ils l'ont fait parce qu'ils avaient pris conscience de leurs capacités. Ils ont chopé le virus. Et chaque fois que nous partions en compétition, c'était pour gagner.

Et puis je préférais qu'ils fassent de la boxe plutôt que de traîner dans les rues jusqu'à devenir délinquants. De toute façon, je ne leur en laissais pas le temps. La semaine ils étaient à l'école et aux entraînements, le week-end ils étaient avec moi, dans les gymnases, à faire des compétitions.

Nous allions partout, au Havre, à Bayeux, en région parisienne. On allait dans le Nord, on descendait jusqu'à Vichy. Nous n'allions pas là-bas pour faire du tourisme mais pour ramener des victoires, des coupes, des trophées. Nous formions une super-équipe. Adriani comme Alexis étaient heureux. Mais quand ils perdaient, ils pleuraient. Oui, ils pleuraient.

Par moments, ils en avaient assez. Ils me suppliaient : « Oh non, papa, pas ce soir… » Mais je leur répondais que si, il y avait entraînement. Rien d'autre. Je n'ai jamais lâché, jamais. Je suis sûr qu'à certains moments, Alexis m'en a voulu. Moi aussi je m'en veux aujourd'hui, quand je regarde cette télé, quand j'entends qu'on parle de lui au passé. Est-ce que je lui ai pourri la vie ? Est-ce que j'ai… ?

Et puis il n'aurait pas côtoyé tous les gens qu'il a connus, il n'aurait pas eu la vie qu'il a eue si je n'avais pas été dur avec lui.

Oui, je l'ai forcé à faire de la boxe. Oui, c'est moi qui les ai forcés, Alexis, comme Adriani et mes deux filles qui elles aussi sont montées sur le ring. Je les ai tous forcés, et aujourd'hui je m'en veux. Je m'en veux mais je me dis que sans ça, ils auraient peut-être pris une autre voie, moins glorieuse. Que seraient-ils devenus ?

Parce que quand je vois ce que deviennent les gamins d'aujourd'hui, je me dis que j'ai eu raison de les cadrer. Ça prouve aussi à certains que quand on veut, on peut y arriver. Pour mes fils, c'était entraînement, entraînement, entraînement. Entraînement et rigueur.

Moi, l'éducation que j'ai reçue, elle était encore plus stricte, même si ce n'était pas la même époque. À quinze ans et comme j'étais fâché avec l'école, j'ai travaillé en maçonnerie. Mon père me réveillait tôt le matin. J'allais travailler puis je partais à l'entraînement en mobylette à Honfleur. Honfleur – Pont-Audemer. Vingt-cinq kilomètres à l'aller, vingt-cinq au retour. Été comme hiver. J'ai été éduqué à la dure.

Alors si moi je l'ai fait, mes fils pouvaient le faire aussi. C'est ce que je me répétais.

Mais avec le recul, je m'en veux, parfois j'étais trop dans l'excès… Quand ils sortaient de l'école et qu'ils mettaient du temps pour rentrer, je gueulais. Quand il y avait entraînement, c'était telle heure. Et pour moi l'heure, c'est l'heure. J'étais intransigeant sur tout. J'ai été trop sévère avec mes enfants.

Et quand je vois aujourd'hui à quoi tout cela a mené…

Sylvie

Depuis que les gendarmes et le maire ont quitté la maison, Alain n'a pas décollé de son fauteuil, il a les yeux rivés à la télé, les chaînes d'infos commencent à diffuser les photos des disparus. Il y a la jeune nageuse, la navigatrice et mon Alexis. Ma peine est… immense. Indescriptible. J'ai l'impression d'avoir été foudroyée, broyée.

Mes larmes ne coulent plus, j'ai déjà tant pleuré pour Célie. Mes larmes ne coulent plus, pourtant mes yeux vont exploser. Comme mon cœur qui n'en peut plus d'encaisser tant de souffrances, tant d'injustice, tant de cruauté.

Et dire qu'Alexis était encore près de moi il y a une dizaine de jours. Il était là, dans cette maison, avec moi, avant son départ pour l'Argentine.

La veille du décollage pour Buenos Aires, il était venu nous voir. Il était si heureux de s'envoler pour l'Amérique du Sud, si fier d'avoir été choisi pour ce jeu.

Je me rappelle encore lorsque, quelques semaines plus tôt, il m'avait téléphoné pour me raconter qu'il avait passé un casting pour participer à un jeu d'aventure. Il avait attendu plusieurs jours, impatient de savoir s'il serait pris. Jusqu'au jour où il m'a appelé pour m'annoncer qu'il avait été sélectionné : « Maman, ça y est, c'est bon ! Je fais le jeu, ils m'ont pris. » Ces mots résonnent encore en moi.

Lors du casting et au cours d'une discussion, ils lui avaient posé plusieurs questions, dont une qui me revient comme un boomerang aujourd'hui : « Que pensez-vous de ce jeu ? »

Alexis leur avait répondu : « C'est un cadeau de la vie. »

Un cadeau de la vie ! Peut-être, pour lui, à ce moment-là. Mais aujourd'hui ? Ce jeu, c'est sa mort, pas le cadeau de sa vie ! C'est sa mort sur un plateau, c'est sa mort filmée, c'est mon chagrin déchirant. On est loin d'un cadeau de la vie !

C'est pourtant ce qu'il avait dit, car il était heureux d'aller là-bas. Il pensait que ça lui servirait pour la suite de sa carrière, car il savait parfaitement qu'il ne boxerait pas éternellement. Alexis se voyait bien dans le monde artistique, de la mode. Il s'était d'ailleurs pris au jeu il y a quelques mois, lors d'une séance photo pour un équipementier. Il avait posé avec Fauve et Laure Manaudou, entre autres. Et il devait remettre ça dans quelques semaines pour une couverture de magazine branché. Il avait aussi commencé à prendre des cours de théâtre, il aimait ça !

Mais avant, il voulait participer à ce jeu en Argentine parce qu'il adorait la nature. Souvent il me répétait : « J'aimerais bien prendre un sac à dos et faire le tour du monde. »

Il était comme ça, Alexis. Et il savait que grâce à ce jeu, il allait pouvoir rencontrer d'autres gens, d'autres cultures, en dehors du monde sportif.

Il avait eu l'occasion de rencontrer des gens beaucoup plus malheureux que nous, notamment lors de compétitions dans des pays d'Afrique. Il était très touché par la misère des gens, ça le travaillait.

Et quand il y était confronté, il donnait tout ce qu'il pouvait donner. Tout ce qu'il avait sur lui, il l'offrait ! Il ouvrait grand son sac et il distribuait des crayons, des savons, des vêtements. Un jour, il m'a raconté qu'au Niger il s'était dépouillé tout seul. Il était reparti en short mais heureux. Il avait donné tout ce qu'il avait.

Il faut dire que des vêtements, il n'en manquait pas ! Il avait tellement de contrats avec les marques de sports, de chaussures, qu'il en avait des dizaines et des dizaines. Il aurait pu ouvrir une boutique. Et comme en plus mon fils aimait être bien habillé, ses placards étaient pleins.

D'ailleurs, la veille de son départ pour l'Argentine, nous avions passé plus de deux heures dans la chambre du haut à ranger les valises de vêtements qu'il venait de rapporter.

Et il m'avait aidé à plier cela, soigneusement, et à tout ranger méticuleusement sur les étagères déjà bien remplies. C'est dans cette chambre où j'ai passé mes derniers instants avec mon fils que je me suis réfugiée, pour trouver un second souffle avant les longues journées qui nous attendent. C'est dans cette chambre où plane encore le parfum de mon fils que je suis là, à le deviner, à le sentir en humant à pleins poumons le tee-shirt qu'il portait cet après-midi-là, lorsque nous étions tous les deux.

Nous avions parlé de tout et de rien, nous avions ri en tombant sur une photo de classe de neige où il n'avait que sept ans. Il venait de se casser une dent à la patinoire. Forcément, sur la photo, on ne voyait que ça ! Pour éviter un plus petit que lui, il était tombé la face la première. « Tu sais, la maîtresse, quand elle m'a téléphoné, elle m'a dit que tu avais beaucoup pleuré mais que tu avais été grand et costaud. »

Nous avions aussi écouté de la musique. Alexis ne savait pas vivre sans musique. Souvent il me faisait partager ses découvertes parce qu'on avait les mêmes goûts. Célie aussi avait les mêmes goûts que son frère. Cet après-midi-là, ces derniers moments complices avec mon fils, il avait mis des clips sur son ordinateur.

« Tu sais ce que c'est, maman ?

– Non.

– C'est le clip de *Cinquante Nuances de Grey.* »

J'avais regardé la vidéo avec lui, j'aimais bien cette chanson. C'était la chanson du film, vous savez…

Alexis est parti de la maison le lendemain matin, après avoir passé la soirée avec ses amis car, de toute façon, je travaillais cette nuit-là. Quand je suis rentrée, un de ses amis l'avait déjà conduit à la gare pour prendre son train pour Paris. J'aurais tant aimé le voir une dernière fois. J'aurais tant aimé le serrer une dernière fois dans mes bras. J'aurais tant aimé le couvrir de baisers. J'aurais tant aimé…

La dernière fois que je lui ai parlé au téléphone, il était dans un taxi. C'était le vendredi 27 février en fin d'après-midi. Il allait à l'aéroport. Le rendez-vous avait été fixé par la production de l'émission au Novotel de Charles-de-Gaulle pour faire connaissance avec les autres champions avant le décollage, prévu à 23 h 20. Vol AF 394 pour Buenos Aires.

« Tout va bien, mon Alex ! lui avais-je dit, comme d'habitude. Fais bien attention à toi ! Et surtout, pense à ta petite sœur.

– Ne t'inquiète pas, maman, ça va bien se passer. Je serai de retour dans une quinzaine de jours. Ça va être génial. J'ai hâte ! Si tu savais comme je suis heureux. Je t'embrasse fort. Embrasse papa de ma part et dis-lui bien que je vais le gagner, ce putain de jeu ! »

Fourmetot,
mardi 10 mars 2015, 7 heures du matin
Alain

Il fallait que je quitte cette maison, que je prenne l'air, que je pense à autre chose. La lumière extérieure m'aveugle. Ou peut-être que ce sont mes yeux rougis par les larmes. Je n'arrête pas de penser à l'horreur qu'a dû vivre Alexis. J'espère qu'il n'a pas souffert, qu'il ne s'est rendu compte de rien. Qu'il n'en a pas eu le temps…

Lorsque je suis sorti, j'ai vu que la rue était bouclée par les gendarmes. Mon copain Philippe m'avait prévenu. Il faut éviter les curieux, les journalistes qui depuis la fin de la nuit sont déjà dans le quartier en train de chercher où nous habitons. D'ailleurs, mon téléphone n'arrête pas de sonner et ce ne sont que des numéros que je ne connais pas qui s'affichent. Je ne veux parler à personne.

Pour me changer les idées, je suis allé ouvrir ma salle de musculation dans le village voisin de Fourmetot. Cette salle, je l'ai montée en 2007, quand la municipalité de Pont-Audemer m'a viré du boxing-club. À l'époque, un mec plus influent que moi, plus important que moi, le petit employé communal, était soi-disant plus compétent que monsieur Vastine pour gérer le club. Alors je suis parti et j'ai ouvert un club dans le village où nous vivions.

Et j'ai fait prendre une licence à quelques champions, dont Alexis bien évidemment, qui l'année suivante a été médaillé de bronze aux JO de Pékin. Médaillé olympique avec une licence à Fourmetot, un club de campagne, sans moyens. Un club de boxe de renommée mondiale dans un village de six cents habitants, mais un club avec du savoir-faire et de l'envie. En 2009, nous avons même fini meilleur club de France avec huit licenciés. Meilleur club de France ! Quelle revanche !

À cette époque, tous les reportages étaient tournés chez moi, dans ma maison de Fourmetot, et au club de boxe du village.

Quand j'ai lancé le BC Fourmetot, je suis parti de rien. Nous avions une salle dans laquelle nous avons mis un ring, accroché des sacs de frappe et c'est tout. Ensuite, quand Alexis a signé à Paris et que les gens de Pont-Audemer m'ont rappelé, tout penauds, j'ai transformé cette salle de boxe en salle de musculation. J'en ai gardé la gestion. Officiellement, c'est toujours le boxing-club de Fourmetot, mais en réalité c'est une salle de musculation dont je suis le président. Je suis là-bas chez moi. J'ai cent dix adhérents, pour un club de campagne c'est bien. Les nouveaux inscrits sont souvent surpris par le matériel. J'ai tout. J'ouvre de 8 heures à 20 heures et quand je ne suis pas là, je paie un gars du coin pour le faire à ma place.

J'aime bien aller là-bas. Je m'y sens bien. En plus, mon père est enterré juste à côté.

Alors ce matin c'est là-haut, sur le plateau, dans ma campagne, que je veux aller. Je prends ma petite Clio et je trace. J'espère ne rencontrer personne. Je ne veux voir personne. J'ai juste envie d'être seul avec mes pensées. En allant à Fourmetot, je vais mieux respirer, je vais me vider la tête, ça va me faire du bien. J'en ai besoin. En montant la longue côte à la sortie de Pont-Audemer, je croise plusieurs visages connus, mais je fais semblant de ne pas les voir, j'oublie de les saluer. Pourtant ils connaissent bien ma voiture, ils la voient tous les jours sur cette route. Et presque toujours à la même heure.

Je suis parti un peu plus tôt, pour être certain de ne croiser personne. En passant devant le bar-épicerie du village, j'aperçois un ami. Il y a aussi des journalistes qui ont leurs caméras braquées sur ce lieu où j'ai l'habitude de prendre mon café le matin. Alors je ne m'arrête pas. Je vais aller m'enfermer dans ma salle, me défouler et essayer de penser à autre chose. C'est généralement ce que je fais pour m'aérer et me vider la tête.

Mais là, en entrant, tout me rappelle Alexis. Ces photos placardées sur les murs, cette odeur de salle de sport. Il est là, avec moi, il est encore dans ma tête. Toujours dans ma tête.

Avant de partir en Argentine, c'est là qu'il s'est entraîné. C'est là qu'il m'avait demandé de l'entraîner pour la gagne. Il voulait aussi muscler son corps, gonfler ses pectoraux, ses biceps, avoir un corps parfait pour passer à la télé.

Alors je l'ai fait travailler en séries longues, en séries de quinze, « et plusieurs fois si tu veux que ça gonfle », n'arrêtais-je pas de lui répéter. Alors il se mettait sur un développé-couché et je lui faisais faire des séries répétées avec trois secondes d'arrêt, puis de nouveaux quinze séries, trois secondes, quinze séries.

Comme il était en léger surpoids, Alexis se surpassait à chaque exercice. Il était dans un esprit combatif parce qu'il voulait absolument revenir vainqueur de cette émission. Il s'entraînait tous les jours dans la salle, sauf le week-end. Il en voulait tellement, il voulait tellement être au top de sa forme qu'il venait en vélo ou en courant. Il montait depuis Pont-Audemer. Il s'entraînait une heure, quelquefois plus, puis il redescendait en footing ou à vélo. Cinq kilomètres à l'aller, cinq au retour !

Ça lui faisait un super-entraînement. De toute façon, à partir du moment où il a commencé la compétition, il s'est toujours mis sérieusement à la tâche pour y arriver. De mon côté, au fil des années, je voyais bien qu'Alexis, comme Adriani, avait un don.

Alors très vite ils l'ont aimée, la compétition. Adriani faisait du foot en plus de la boxe. Alexis, lui, avait tout arrêté pour se consacrer à la boxe. Et très vite il a été champion de France de boxe éducative, en minime, en cadet, puis en junior.

Quand il a eu quatorze ans, la Fédération française l'a interdit de boxe éducative. Il était trop dangereux. Après avoir gagné les championnats de France Espoirs réservés aux boxeurs ayant moins de cinq combats à leur actif, il a été repéré par les entraîneurs de l'équipe de France. Il a fait un premier stage et intégré le pôle Espoirs de Vendôme avec deux ans d'avance sur l'âge prévu.

Là, je me suis dit : « J'ai une petite perle, c'est vraiment une petite perle. » Sans savoir qu'il allait devenir un grand.

Pont-Audemer,
Adriani

Je n'arrive toujours pas à y croire. Pourquoi lui ? Pourquoi maintenant ? Pourquoi ? Mon petit frère était si heureux d'aller là-bas. Il a toujours été comme ça, mon Bradley. Il aimait voyager, découvrir ce qu'il y avait au-delà de nos frontières.

Bradley, c'est le surnom qu'il s'était lui-même donné depuis que nous faisons partie du 121e régiment du train de Montlhéry. Avec Abdelkader Bouhenia, nous étions toujours tous les trois. Alexis était brigadier-chef, Abdelkader et moi 1re classe. Alors il jouait au chef et dans les moments difficiles, ou lorsque nous n'arrivions pas à faire ce qu'on nous demandait, Alexis disait toujours avec une grosse voix : « Ça se voit que t'as pas fait le Vietnam, toi ! »

Cette phrase nous est restée. Si bien que je me suis appelé Bryan, Abdelkader, Billy et Alexis, Bradley.

On aimait plaisanter avec Alexis. On aimait rire, faire des conneries. Depuis tout gamin, nous sommes ensemble. On a commencé à jouer ensemble quand il avait cinq ou six ans. J'étais l'aîné. Il me suivait partout. Tout ce que je faisais, il voulait le faire aussi. Nous allions jouer dans la forêt, dans le bois qui était juste à côté de notre maison de Fourmetot.

Ma mère voulait toujours qu'on reste à proximité. Mais nous, nous aimions aller toujours plus loin. Avec nos copains Christopher et Jonathan, qui étaient aussi nos voisins, le bois était notre terrain de jeu favori. Notre territoire. Et pour que les autres bandes de Fourmetot n'y viennent pas, avec Alexis nous fabriquions des pièges. On tendait du barbelé en travers du chemin, on remplissait un sac-poubelle de châtaignes avec leurs bogues piquantes et avec une corde on le montait en haut d'un arbre. Quand les autres arrivaient, on lâchait la corde…

Si notre mère savait toutes les bêtises qu'on a pu faire, gamins !

Après, nous n'avons plus trop eu le temps de nous amuser. Notre père nous a mis à la boxe. C'était boxe tous les soirs dès la sortie de l'école, c'était boxe le week-end. C'était boxe matin, midi et soir. À tous les repas !

Quand nous avons atteint un certain niveau, nous avons intégré le pôle France junior à Vendôme. J'y suis allé un an avant Alexis, qui m'a rejoint en 2000. Il n'avait pas encore quatorze ans !

Nous ne logions pas dans la même chambre. Étant là depuis un an, j'étais avec Jonathan Outin, qui venait lui aussi de Normandie. Alexis partageait sa chambre avec Yoann Camonin. Nous ne rentrions à Pont-Audemer qu'un week-end sur deux, en train. Sauf pour les vacances où mon père venait alors nous chercher en voiture.

À Vendôme, nous étions un peu livrés à nous-mêmes. Mais nous n'avions que très peu de loisirs. Toutes nos journées étaient rythmées par les études et la boxe. Boxe le matin jusqu'à midi. Puis, à vélo, nous allions au gymnase jusqu'à 13 h 30. Ensuite repas, reprise des cours, et tous les soirs deux heures d'entraînement.

Au pôle France, il n'y avait que des boxeurs. Il avait été créé en 1999 et c'était le seul du pays. Il y avait donc des boxeurs de toutes les régions, et même de Tahiti. Des boxeurs qui pour la plupart étaient devenus nos nouveaux amis. Car ne revenant pas souvent en Normandie, nous avions perdu de vue nos copains d'enfance.

Et quand nous rentrions à Fourmetot, c'était pour profiter de la famille. Alexis allait jouer au foot, moi j'allais pêcher ou chasser avec mes oncles. Je suis le seul de la famille à aimer ça. Alexis détestait la pêche, la chasse.

Nous sommes restés à Vendôme jusqu'en 2004. Nous n'avions pas le choix. Le pôle a fermé, faute de résultats selon les élus de l'époque et au grand dam des entraîneurs et dirigeants qui ont fait de nous des champions.

Cindy

Papa est parti à la salle de musculation. On va enfin pouvoir couper cette télé. Plusieurs fois Cassie ou Adriani lui ont dit de ne pas regarder les informations. Mais mon père aime se faire du mal. Il faut qu'il sache. Moi, je ne veux pas savoir. Je ne veux rien voir. C'est déjà trop dur à supporter, à imaginer. Les seules images que j'ai pu voir m'ont donné la nausée. Je préfère que mes pensées ne soient faites que de belles images d'Alexis, de bons souvenirs.

Car j'ai des tas de bons souvenirs avec mon petit frère. J'ai passé toute mon enfance avec Adriani et lui. J'étais la grande sœur ! Nous étions tout le temps ensemble. Chez nous, à Fourmetot, nous jouions toujours dehors, nous faisions des tas de bêtises, que ce soit dans la forêt à côté de la maison ou lors de nos sorties à vélo. Et le petit Alexis, dès qu'il voyait que c'était trop dangereux, il allait nous balancer aux parents. Un véritable fayot, ce gosse ! Pour se venger, on l'attachait à son lit et on le chatouillait. Et lui, quand nous jouions à la bagarre, il nous mordait. Il nous mordait fort. Plusieurs fois je me suis retrouvée avec des marques rouges sur les bras.

Alexis était plein de vie. Il nous suivait partout, il voulait faire comme nous. Avec Adriani, ils formaient une sacrée paire. À la maison, ils dormaient dans la même chambre, dans des lits superposés. Adriani était en haut, Alexis en bas. Tous les soirs, Jimbo, notre boxer, venait se glisser sous sa couverture, près de lui. C'était son doudou.

Ça faisait drôle de les voir dans le lit tous les deux car Jimbo était grand et prenait toute la place. Ils étaient inséparables. Alexis adorait les animaux. Quand on construisait des cabanes dans la forêt, il pensait toujours à faire un peu de place pour les oiseaux. Il aimait les sauver. Dès qu'il en voyait un blessé, il le soignait, lui donnait à manger en rapportant des graines de chez Mamie Cocotte, notre grand-mère paternelle.

Mais les chiens, c'était sa grande passion. D'ailleurs, il y a cinq ou six ans, il a offert Maïa à maman. Une belle chienne boxer. En souvenir de son enfance passée avec Jimbo. Il l'avait appelée Maïa parce que c'est le surnom qu'on donnait à maman quand on était petits. Ce matin, Maïa est là, à mes pieds.

Il m'avait déjà annoncé qu'à son retour d'Argentine, en plus d'un nouvel appartement à Paris, il prendrait un bulldog anglais.

Sylvie

Un peu de calme dans la maison. Il le faut, nous en avons besoin. J'en ai besoin, ne serait-ce que pour soutenir mes enfants. Car depuis cette nuit, j'ai l'impression d'être restée « baba » ! Je suis sous le choc, mais je n'ai pas de réaction, je ne veux pas avoir de réaction. Je pense surtout à protéger mes enfants, je ne veux pas les voir souffrir comme ça. Oh, mon Dieu, c'est trop pour eux ! C'est terrible, leur frère, après leur sœur. J'ai peur pour Cindy, pour Cassie, pour Adriani. Alors je tiens ! En façade.

Je ne peux pas m'effondrer devant eux. Non, il faut que je sois là pour eux, comme je pense l'avoir toujours été. Car mes enfants, c'est tout pour moi. Ils sont les piliers de ma vie. Ma vie a toujours été construite autour d'eux, je me suis toujours raccrochée à eux, j'ai toujours voulu le meilleur pour eux. Alors aujourd'hui, je veux profiter d'eux. Je veux aussi profiter d'Enzo, de Paolo, de Livia, mes petits-enfants. Je veux faire du bien autour de moi, si je peux.

Je veux passer plus de temps avec eux, en profiter, les serrer dans mes bras plus régulièrement. Car malheureusement, avec la vie que nous avons menée, mes enfants sont partis très jeunes de la maison et étaient souvent loin de chez nous. La boxe me les a enlevés.

Heureusement, je les avais souvent au téléphone, très souvent. Cela a commencé quand Adriani et Alexis étaient à Vendôme. Ils n'étaient que des enfants. Puis ils sont allés vivre à Paris. À l'automne dernier, Célie les a rejoints. Je l'appelais tous les jours. J'étais toujours en train de lui demander comment elle allait, ce qu'elle avait fait, si elle ne manquait de rien. Avec Alexis, c'était pareil. Adriani, lui, est plus indépendant. Mais avec les deux autres, on se parlait beaucoup. Même si tout cela, c'était à distance.

Alors aujourd'hui, demain et jusqu'à ce que je n'en sois plus capable, je veux passer le plus de temps possible avec mes enfants et mes petits-enfants. Il n'y a plus de temps à perdre. La vie vient de nous montrer qu'il faut profiter des gens qu'on aime tant qu'ils sont là, près de nous. J'ai eu cinq enfants, j'ai toujours eu peur pour eux, j'ai toujours tout fait pour les protéger, pour les aimer, et voilà aujourd'hui ma récompense ! Qu'ai-je fait de mal ? Qu'ai-je oublié ?

S'il fallait revenir en arrière, je serais encore plus protectrice. Je leur demanderais mille fois par jour s'ils ne manquent de rien, si tout va bien. Et j'aimerais surtout qu'ils fassent pareil avec moi, même si je reconnais qu'ils sont beaucoup plus attentionnés avec moi depuis la disparition de Célie. Ils ont toujours les mots justes pour réconforter leur mère.

Parce que, avant, ce n'était pas toujours le cas. C'était toujours moi qui faisais attention à eux, qui leur demandais si tout allait bien. Aujourd'hui, dans ce malheur qui a renforcé nos liens, ils sont plus tournés vers moi.

Seul Alexis me posait souvent cette question, « Ça va bien, maman ? », avec sa petite voix.

Alexis a toujours été attentionné. Depuis son plus jeune âge. Et surtout il était très câlin. C'était un petit ange. D'ailleurs, avec sa petite tête d'ange, je n'aurais jamais cru qu'un jour il ferait de la boxe. Il était si frêle, mon petit blondinet.

Si Adriani bougeait tout le temps, ce qui m'a rapidement fait penser que, comme son père, il enfilerait les gants, Alexis, lui, était calme, posé. Calme et câlin. Et puis ce qu'il aimait par-dessus tout, c'était dessiner. Il dessinait tout le temps, toutes sortes de choses. Et il était fier de ses œuvres, notamment de ses mangas. Il avait la fibre artistique, tout jeune déjà !

Alain venait d'arrêter les combats. Désormais, il était entraîneur. Autant dire qu'à la maison, la boxe tenait une large place dans les conversations. Et à force, leur père leur a fait découvrir son sport. Au début, les garçons prenaient ça comme un jeu. Mais pas leur père !

C'était mignon. Ils frappaient avec leurs petits poings dans les mains de leur père, ils remuaient, s'agitaient, rigolaient… Alain, lui, avait déjà sa petite idée en tête. Alors le jeu est vite devenu une obsession, à tel point que mes deux fils m'ont demandé de les inscrire à d'autres sports, pour faire autre chose que de la boxe. Ils ont donc fait du judo, de la natation, du foot, du cross, du handball. Mais comme dans les sports d'équipe ils ne jouaient pas assez et qu'ils étaient trop souvent remplaçants, ils sont revenus vers les entraînements de leur père, vers le sport qui leur était destiné. Il fallait que ça bouge.

Et finalement, comme Alain ne leur laissait pas le choix, ils y ont pris goût. Alexis a très vite aimé la saveur de la victoire. Déjà tout petit, il avait ce tempérament.

Mais il aimait aussi être dans les jupes de sa maman et comme j'étais très câline avec mes enfants, ça tombait bien ! Alexis est devenu encore plus câlin en vieillissant. Il avait besoin de moi, de me parler, de m'embrasser. Il me sollicitait, il m'écoutait, il me parlait beaucoup, de tout sauf de boxe. Il avait besoin de quelqu'un pour parler d'autre chose que de boxe, d'une oreille attentionnée pour raconter ses problèmes, ses interrogations, pour confier ses joies, ses peines, ses craintes. Je pense qu'il avait besoin de moi pour se poser, pour que je le recadre, pour se sentir bien dans sa tête. J'ai tout fait pour l'aider à ce niveau-là, comme je l'ai fait pour son frère et ses sœurs. Mais Alexis était vraiment en demande.

Il me téléphonait souvent, il avait besoin que je lui parle pour le rassurer. Avant chaque combat, il m'appelait avant de monter sur le ring. C'était devenu un rituel. Alors qu'il était en pleine concentration, il ressentait le besoin d'appeler sa mère. C'était un besoin, une obligation et aussi un porte-bonheur.

Ça se passait toujours une heure avant le combat. Une conversation brève et, avant de raccrocher, il concluait toujours par : « Bon, maman, je vais m'échauffer, j'y vais, c'est mon combat. » Moi, je lui répondais : « Bah… mille fois merde. » Il attendait toujours ces mots que je lui lançais en me signant. Il savait ce que je faisais et que je pensais à lui très fort. Nous ne restions que quelques minutes au téléphone, mais il en avait vraiment besoin.

Quant à moi, je gardais toujours mon portable à proximité. Il me suivait partout, même au travail. Parfois, ce n'était pas facile. Mais je n'avais pas intérêt à rater son appel parce que, pour lui, ça pouvait nuire à son résultat. Avec toutes ces contraintes, nous avons toujours réussi à nous joindre, même à Pékin, même avec les décalages horaires, même la nuit, toujours, toujours.

Mais depuis cette nuit, son téléphone ne répond plus. J'ai encore essayé il y a une minute.

Alain

De retour à la maison, je rallume la télé. Mais inconsciemment, mon regard se porte sur le portrait de Célie posé sur le buffet, près de mon fauteuil. Elle est belle, ma Célie. Je me dis qu'il est possible que ce soit elle qui ait appelé Alexis. Elle l'a appelé pour lui dire de la rejoindre, là-haut. De penser cela me fait du bien. De croire à cette idée me libère l'esprit, car l'image de mon fils mort dans un accident d'hélicoptère me hante.

Elle me hante, et pourtant il faut que je comprenne ce qui lui est arrivé. Alors je monte le son en regardant les images tournées dans ce coin retiré d'Argentine, dans ce pays où mon fils vient de perdre la vie. Et voilà les premiers témoignages de ceux qui ont assisté au crash. Et voilà les premiers plans de cette fumée noire qui s'élève. Elle est si épaisse qu'elle noircit le ciel. Et voilà cette carcasse fumante qui se consume au sol. Et voilà…

C'en est trop pour Cassie qui me jette un œil noir et se précipite sur la télécommande pour couper la télé. « Arrête, papa, arrête ! » Adriani non plus n'en peut plus de cette télé qui déverse notre malheur.

Ma Cassie est en larmes. Elle ne supporte plus ces commentaires. Moi, j'ai besoin de savoir. J'ai besoin de comprendre. Il faut que quelqu'un m'explique comment une telle chose a pu arriver. Car depuis cette nuit, personne ne nous appelle pour nous dire ce qui se passe là-bas, à l'autre bout du monde. Déjà plusieurs heures que l'accident s'est produit, on parle d'une collision entre deux hélicoptères, d'une explosion, d'un crash…

Moi, ce qui m'importe, c'est de savoir si l'appareil où se trouvait Alexis a explosé en l'air. Est-ce qu'il a mis longtemps pour descendre ? Est-ce qu'Alexis a vu quelque chose ? Est-ce qu'il avait son bandeau sur les yeux ? Est-ce que… ?

Je me fais plein de films, j'échafaude plusieurs scénarios. Mais je n'ai pas encore les réponses. Alors dès que Cassie et Adriani ont le dos tourné, je rallume les chaînes d'informations. À la télé, on ne parle que de ça. Trois mots me sautent continuellement aux yeux : Argentine, *Dropped*, hélicoptère. Mais une seule photo me blesse au plus profond de moi : celle de mon Alexis, si jeune, si beau, si souriant. Dans quel état doit-il être à présent ? Dans quel état vais-je le récupérer ? Ça a déjà été si dur pour Célie…

Alors je m'accroche à cette photo de lui quand il était encore gamin. À cette photo qui est là, près de moi, près de ses médailles. Je suis si fier de lui. Sportivement, il a eu tout ce que je n'ai pas eu. J'ai toujours été en finale des championnats de France de boxe, mais je n'ai jamais gagné. Alexis l'a fait. J'ai voulu faire une carrière internationale, je n'en ai pas eu le temps ni le talent. Alexis l'a fait.

Je ne suis pas jaloux, bien au contraire. Avec mes enfants, j'ai gagné au moins vingt-cinq titres de champions de France, des titres de champions d'Europe, de champions de monde. Comment voulez-vous que je sois jaloux ! Et puis Alexis, c'est notre fierté, il est reconnu partout. Même à Cuba, le pays de la boxe, ils le connaissent.

Car depuis la fin des années 1990, Alexis n'a cessé de progresser, de remporter des victoires, de glaner des titres. Des titres de champion de France de boxe éducative en minime et cadet. À ses débuts chez les juniors, avec de la vraie boxe anglaise, je me rappelle comme si c'était hier son premier combat officiel. Alexis n'avait que quinze ans. C'était le 19 mai 2001 à Saint-Denis, en région parisienne. Ce combat-là n'était pas gagné d'avance, car face à lui se dressait Jean-Pierre Querre, un adversaire assez dur. Un poulain de l'écurie de monsieur Albert Mauriac, celui qui avait sorti les frères Tiozzo. Mais Alexis était déjà un cran au-dessus de ce gars qui était d'un très bon niveau régional. Alors il a imposé sa boxe et a dominé son adversaire. Cela m'a permis d'avoir une jauge sur son talent et ses capacités, et de travailler encore et encore.

Car c'est six mois plus tard, et lors de son deuxième combat en junior seulement, qu'il a débuté sa carrière internationale, le 25 janvier 2002. Mais la marche était trop haute ce jour-là à Dublin, où l'Irlandais Willie Casey s'est facilement et logiquement imposé.

Cela n'a pas abattu Alexis. Bien au contraire. Il avait compris qu'il devait encore s'entraîner pour être plus précis dans ses choix, dans ses coups. Et c'est ce qu'il a fait. Avec application et rigueur malgré son jeune âge. Si bien qu'en 2003, à Charleville-Mézières, il est devenu champion de France junior en battant Younes Bouiksain. J'étais si fier pour lui. En le voyant boxer ce jour-là, je me suis dit qu'il savait tout faire, ce gamin. Oui, je me souviens de l'avoir regardé boxer, les yeux emplis de joie. Il m'avait épaté. Oui, je me rappelle m'être dit après ce combat : « Un jour, mon gamin sera champion du monde. »

En attendant le titre suprême que je lui prédisais, il a continué à parfaire sa boxe tout au long de l'année suivante et à enrichir son palmarès déjà impressionnant, en obtenant à Soissons son deuxième titre de champion de France junior face à Aabadila Hallab. La même année, il s'est envolé pour la Corée du Sud, afin de disputer le championnat du monde junior qui se déroulait à Jeju.

Tranquillement, sans forcer son talent, il s'est hissé jusqu'en demi-finale, où il est tombé sur un os puisque l'Anglais Amir Khan l'a mis KO au premier round. Le métier rentrait !

Puis, en 2005, l'année de son entrée à l'Insep, il a terminé troisième des championnats d'Europe junior qui se déroulaient à Tallinn, en Estonie, battu en demi-finale par le Russe Andrey Zamkovoy. Mais il avait fini l'année en beauté en battant le Roumain Elvis Suliman et en s'adjugeant la médaille d'or en finale des Jeux de la Francophonie à Niamey, au Niger.

Mais le véritable déclic de sa carrière, c'est le 3 février 2006 à Laon qu'il l'a eu. Alexis et moi étions arrivés dans cette ville de l'Aisne en fin de matinée, après avoir fait la route depuis Pont-Audemer. Nous avions mangé notre sandwich au café du coin et l'après-midi, en guise de sieste, nous étions allés voir *Kirikou* au cinéma. Il n'y avait que ça ! Nous allions souvent au cinéma avant les combats, ça permet de se détendre, de penser à autre chose. Mais ce jour-là, ça criait dans la salle, ça piaillait… Il faut dire que le choix de ce dessin animé réservé à un public très jeune aurait dû nous alerter. Mais cela n'avait pas perturbé Alexis qui avait bien aimé l'histoire. D'ailleurs, depuis son séjour au Niger, il aimait ces ambiances de villages africains. Il me disait souvent qu'il voulait vraiment y retourner pour essayer de les aider. Il avait vu tant de choses simples là-bas, tant de choses dépaysantes, sans le strass et les paillettes. Il avait aussi beaucoup parlé avec les enfants, il avait joué avec eux. Il aimait jouer avec les enfants.

De mon côté, *Kirikou* m'avait un peu mis sur les nerfs. Mais Alexis était détendu avant de rejoindre la salle. Là, suivant notre petit rituel, nous sommes directement allés au vestiaire alors que les premiers combats commençaient. Oui, Alexis était comme ça, il n'aimait pas trop regarder les autres, à part ses copains ou son frère quand il boxait avant lui. Mais ce soir-là, Adriani ne boxait pas avec nous. Il boxait le lendemain à Niort.

Alors comme à chaque fois, nous nous sommes isolés dans le vestiaire. L'objectif pour mon champion était de se reposer, surtout les jambes. Bien allongées. Il restait deux heures à attendre, parfois c'était deux heures et demie, pour se concentrer pour son combat. Quand je voyais son heure arriver, je lui disais : « Allez, Alexis, allez ! Faut se mettre en tenue ! Ça va bientôt être à nous. » À chaque fois il me répondait : « Mais non, non, non… on a encore du temps. » Il finissait tout de même par lever sa grande carcasse et sa tête qu'il avait calée sur son sac. À partir de ce moment, il n'était plus le même. Il était déjà en mode combat. Ce soir-là, en face de lui, sur le ring, il allait affronter le grand Xavier Noël. Un monstre, un immense champion de vingt-neuf ans, sacré huit fois champion de France senior, qui était à l'époque vice-champion d'Europe. Tout le monde dans le milieu de la boxe et à la Fédération disait : « Ce quart de finale face au gamin de dix-huit ans, c'est une formalité pour Xavier. »

Je crois qu'entendre cela avait décuplé l'envie de bien faire de mon fils, qui dès l'échauffement était déjà dans son match, concentré, déterminé, appliqué. Alexis, pour qu'il soit au meilleur niveau, il ne fallait pas que je le masse mais que je lui mette de l'eau froide sur les muscles. Il était différent des autres, Alexis. Il ne voulait pas être massé.

Après il se mettait en tenue, toujours avec le même rituel : short, tee-shirt, bandage. Et là aussi, il aimait tout faire tout seul. Moi, à ses côtés, je commençais à le dynamiser, à lui faire comprendre qu'il ne fallait pas aller au combat trop vite. Qu'il laisse venir et après qu'il joue avec son coup d'œil, sa vitesse de bras, « et surtout tu t'en vas, tu ne restes pas en face ».

C'était ensuite à moi de lui mettre les gants, au dernier moment. Puis arrivait l'heure du combat, l'heure où mon champion quittait le vestiaire et partait vers le ring les mâchoires serrées. Il était déjà dans son match, il savait déjà comment il allait débuter.

Dans le coin bleu ce soir-là, aux alentours de 22 h 30, je lui ai mis son casque et lui ai repassé un peu de vaseline sur les arcades sourcilières, le nez, les oreilles et le menton. La vaseline, ça sert quand on prend un coup. Les gants de l'adversaire glissent et ça évite de se faire ouvrir.

J'aimerais tant aujourd'hui pouvoir à nouveau toucher son visage, le modeler de mes mains, le protéger.

Et puis une dernière fois, je l'ai aspergé d'eau glacée pour qu'il réagisse, pour lui donner des réflexes. À chaque fois, quand j'arrivais dans une salle de gala, j'allais au bar et je demandais de l'eau glacée. Je demandais une bouteille et je la versais dans ma gourde pour lui donner à boire entre chaque round.

Juste avant le début du premier round, un dernier regard, je lui mettais son protège-dents et là, comme à chaque combat, je lui disais : « Vas-y, mon Alex, faut y aller, mais pas à 80 %, à 100 % ! »

Dès les premiers instants, j'ai su qu'Alexis allait faire quelque chose de grand. Je ne lui donnais que quelques conseils techniques. « Alexis, faut lever les mains, tu le sais, c'est un fritteur ! » Je me rappelle aussi lui avoir conseillé de boxer de loin, de ne pas faire de résistance, de profiter de sa vitesse de bras. « Tu touches, tu t'en vas, tu touches, tu t'en vas. »

Xavier Noël était aussi grand qu'il était puissant. Et vu son expérience, je savais que ça allait être dur.

Mais Alexis allait vite, très vite, trop vite pour son adversaire. Oh, sa vitesse ! Et le visuel. Il voyait tout. Mais en boxe, il faut toujours attendre la fin du combat. La boxe, c'est ça : tu peux gagner les deux premiers rounds et perdre sur une erreur ou par KO.

Grâce à sa vitesse de bras, à sa précision, à son esquive, Alexis confirmait à chaque coup. De retour dans le coin, je pouvais lui dire à part : « Continue comme ça, mon Alex, continue ! » Mon gamin me répondait toujours : « Ouais, ouais. »

J'étais là pour l'encourager, pour l'aider moralement, mentalement, parce que ce soir-là il savait tout faire. Il voulait tellement le titre qu'il se donnait à fond.

Et il a gagné 25-15.

C'était énorme. Il n'avait pas eu peur d'un mauvais KO, d'un mauvais coup. Il ne s'est jamais débiné. C'était un battant, c'était un guerrier, ce gamin ! J'étais tellement heureux. Je ne m'en remettais pas. Quant à Alexis, il était content, il était si fier. Il m'avait pris dans ses bras. Alexis venait de détrôner le grand Xavier Noël ! Le quart-de-finaliste des JO d'Athènes en 2004.

Et quinze jours plus tard, mon Alex devenait, à dix-neuf ans, champion de France amateur en battant en finale à Saint-Quentin Jaoid Chiguer. Un week-end qui restera pour moi dans les annales puisque, au même moment, Adriani avait lui aussi été sacré champion de France en battant Saber Bouzaiane.

Nous étions revenus à la maison avec deux ceintures.

Cindy

Ce n'est pas possible. Qu'est-ce qui nous arrive ?

Surtout, comment vais-je annoncer à mes enfants qu'Alexis est mort, eux qui ont déjà du mal à comprendre pourquoi Célie n'est plus de ce monde ? Je ne sais pas comment m'y prendre. Cette nuit, avant que nous quittions l'appartement pour venir ici, je l'ai brièvement, et certainement maladroitement, annoncé à Enzo. Il est resté bouche bée. Il m'a regardée avec ses grands yeux mais n'a rien dit. Peut-être n'a-t-il pas réalisé. Quant à Paolo, il est encore trop petit. Je le lui dirai plus tard. Il faut que je trouve les mots.

Pourtant je suis certaine qu'ils savent, qu'ils ont compris. Car plusieurs fois, quand je suis montée dans la chambre du haut pour regarder s'ils dormaient, j'ai eu le sentiment qu'ils fermaient les yeux mais qu'ils entendaient tout ce qui se passait en bas. Ils ont dû entendre nos pleurs, leur grand-père monter le son de la télé. Comment vais-je le leur annoncer ?

Car Alexis, c'était leur héros ! Un tonton héros qui les gâtait chaque fois qu'il venait les voir. Quand il me téléphonait, il me demandait tout le temps des nouvelles de « Patalo » et « Zozo ». Ce sont les surnoms qu'il leur avait donnés.

Alexis adorait mes enfants. Quand il nous rendait visite, il jouait toujours avec eux. Et puis il était si généreux. La console de jeu de Paolo, un cadeau d'Alexis. Les jouets, les paquets de bonbons, toujours Alexis. Un jour, il les a même emmenés chez le coiffeur, ici, à Pont-Audemer. Mes fils voulaient être coiffés comme lui. Alexis s'est exécuté. Paolo et Enzo étaient rentrés à la maison avec de belles coupes de cheveux, très à la mode, comme leur oncle.

Alexis était très « famille ». Il souffrait de ne pas nous voir plus souvent.

Il m'appelait régulièrement, pas autant que maman, mais souvent, pour savoir comment j'allais. « Ça va, ma Didi ? » était sa première question, dès que je décrochais mon téléphone. De temps en temps aussi il se confiait à moi, me demandait des conseils, surtout dans la période où il n'allait pas bien, après sa rupture avec Alexia. Il l'aimait tant. Il n'a jamais cessé de l'aimer.

Souvent aussi il me disait qu'il voulait revenir en arrière, revenir au bon vieux temps, à l'époque où nous vivions tous ensemble à Fourmetot. Il est vrai que sa vie parisienne et le sport nous avaient physiquement éloignés. Nous n'avions plus ces moments de complicité, de franche rigolade.

Il y a quelques semaines, lors d'une réunion de famille, il m'avait confié que ça lui manquait, qu'il voulait que nous nous voyions plus souvent, comme avant, quand nous étions enfants. Car nous avons eu une belle enfance chez nous, tous les cinq, à la campagne. Et même si papa était dur avec nous, nous, les cinq frères et sœurs, nous aimions être ensemble. Nous étions fusionnels.

Comment allons-nous vivre maintenant, sans eux ?

Cassie

Depuis ce midi, papa et maman sont sans réaction. J'ai l'impression qu'ils viennent de vieillir de dix ans en quelques heures. Maman a beau se contenir, je vois bien qu'elle est épuisée. Papa a la mine défaite, la nuque courbée, les mâchoires serrées, les yeux exorbités.

La cellule de crise du Quai d'Orsay vient de m'appeler. Mes parents avaient donné mon numéro de téléphone ce matin aux gendarmes et leur avaient dit que j'allais m'occuper de toutes les formalités administratives. Eux n'en sont pas capables. Ils sont trop à fleur de peau.

C'est une dame très gentille, à la voix très douce, que je viens d'avoir. Elle m'a dit qu'ils étaient à notre disposition mais que dans l'immédiat ils n'avaient rien de nouveau à nous apprendre, n'ayant pas beaucoup plus d'informations eux-mêmes. Mon interlocutrice m'a également proposé, comme les pompiers ce matin lorsqu'ils sont passés nous voir après la visite du maire, un soutien psychologique.

« Un médecin vous appellera dans la journée, n'hésitez pas ! », m'a-t-elle dit.

La société de production m'a également appelée et après m'avoir adressé les condoléances d'usage, on m'a aussi précisé que la société se tenait à notre disposition. Mais pas plus d'informations. Et lorsque je leur demande, sur l'insistance de mon père, comment cela s'est passé, ils me répondent qu'ils ne savent pas, qu'il est trop tôt, qu'ils attendent des informations complémentaires des autorités présentes en Argentine.

À chaque appel, mon père me répète qu'il veut aller là-bas, sur place, tout de suite. Qu'il faut que la cellule de crise organise ça. Qu'il doit partir au plus vite pour voir de ses propres yeux l'endroit où Alexis est mort. Il veut savoir.

Les différentes personnes avec lesquelles je communique depuis ce matin me répondent gentiment que ce n'est pas possible, pas tout de suite, qu'elles nous tiendront au courant. Mais rien, silence radio. Les seules explications qui nous parviennent sont celles que la télé déverse en continu avec la tête de circonstance pour les présentateurs et la photo d'Alexis, souriant.

J'ai encore du mal à réaliser que mon grand frère est mort. J'ai surtout du mal à réaliser comment il est mort. Dans quelles circonstances. Moi aussi, et comme ne cesse de le répéter papa, j'espère qu'il n'a pas souffert.

Alexis était mon grand frère, le grand frère qu'on rêve d'avoir. C'était mon protecteur. Mes yeux ont toujours brillé pour lui. Il a toujours été prévenant avec moi. Combien de fois m'a-t-il dit ou écrit « Je t'aime, ma sœur » ?

Je me souviens qu'un jour, j'avais huit ans, j'ai fait un malaise. Je suis tombée dans les pommes à la maison. Quand j'ai repris mes esprits, Alexis était dans tous ses états. Il tournait autour de la table en pleurant et en hurlant qu'il ne m'embêterait plus. « Je te promets, ma Caca, je ne t'embêterai plus ! » Il avait eu peur pour moi. Mais il avait surtout tenu parole. Plus jamais il ne m'avait taquinée, ou alors juste pour plaisanter.

Aujourd'hui, je n'arrive pas à concevoir que je ne le verrai plus, que je ne l'entendrai plus, qu'on ne s'écrira plus. Alors je ne cesse de regarder mon portable, d'ouvrir ma page Facebook et de regarder la photo de maman et de Livia que j'ai publiée quelques jours avant qu'Alexis parte en Argentine. Maman était souriante, avec ma fille sur ses genoux. Alex avait commenté : « Bonne image avant de partir, je vous aime. »

Puis il y a eu ma dernière publication. Cette photo de Livia que j'ai postée dimanche après-midi. Alexis, pourtant là-bas, loin de moi, a aussitôt cliqué sur « J'aime ».

Et puis il y a mon post de la veille, pour les quatre mois de ma puce : « Quatre mois pour ma petite Livia… Ma Liv… Ma Lili ! On m'avait dit que ça passait très vite, vous ne m'aviez pas menti. Il y a quatre mois, je vivais un chamboulement énorme… Celui que je pensais le plus gros de toute ma vie. Mais il y a eu ton départ, ma petite sœur. Chaque jour, mes sentiments sont partagés. Je ne sais plus si je dois sourire ou pleurer. Je suis sur une balance… le bonheur d'avoir mis au monde ma fille et le malheur de t'avoir perdue… à tout jamais. »

Fourmetot,
mardi 10 mars 2015, 15 h 30
Alain

Cela fait plusieurs fois que les proches collaborateurs du maire m'appellent. Ils insistent pour que nous, toute la famille, venions en fin de journée devant la mairie pour rendre hommage à Alexis. Toute la ville attend cet hommage.

Moi, depuis plus d'une heure, je suis revenu à la salle de musculation pour me changer les idées. Je fais du sport, je tente de ne pas sombrer. Alors je soulève des poids, je fais des pompes, je passe de machine en machine, je transpire, j'évacue tout ce fiel qui est en moi depuis ce matin et qui ne veut pas me quitter.

Les rares adhérents qui sont là me laissent tranquille. Ils n'osent pas m'aborder. Ils voient que je suis effondré. Un regard suffit amplement à me témoigner de la sympathie, à partager ma peine. Le petit geste de la main de ce garçon qui vient souvent ici est exactement ce que je veux. Il connaissait Alexis. Lui non plus, il n'est pas dans son état normal.

Et puis il y a ce jeune homme avec son petit carnet à la main. Il vient me voir. Vu son allure, je me doute qu'il n'est pas là pour faire de la musculation. Il me dit qu'il est journaliste à *Paris Normandie*. Alors je réponds à ses questions en regardant les nombreuses photos de mes enfants. Des photos, il y en a des dizaines ici, accrochées aux murs. Elles témoignent de leur passage, de leurs exploits.

En fixant celle d'Alexis avec sa médaille de bronze autour du cou, je lance au journaliste que mon fils « n'a jamais eu de chance. Il y avait déjà eu son vol aux JO »… Puis, en me tournant vers la photo de Célie, j'ajoute : « Je me demande si c'est possible. J'en ai perdu deux en deux mois. C'est dur. »

Mon téléphone ne cesse de sonner. C'est un autre journaliste, d'une radio parisienne. Je ne peux pas répondre à tout le monde. Je n'ai rien contre les journalistes car ils ont toujours été sympas avec nous, ils nous ont toujours suivis, mais là, c'est trop, je ne peux pas ! Si j'accepte l'interview de ce jeune homme, c'est qu'il travaille pour le journal du coin et qu'Alexis ne leur refusait jamais un entretien, ni à eux ni à *L'Éveil de Pont-Audemer*. Ils ont toujours été là pour nous !

Avant de me quitter, le journaliste de *Paris Normandie* me demande si je serai ce soir à la mairie et me fait savoir qu'il y aura beaucoup de monde. Je le sais déjà ! Plusieurs personnes m'ont appelé pour me dire que tout Pont-Audemer sera là. Normal, tout le monde l'aime, Alexis. Tout le monde ici le connaît.

Le responsable des sports de la ville aussi m'a téléphoné, pour me dire qu'ils étaient allés au parc des sports pour décrocher la grande affiche de sa médaille des Jeux de Pékin. Ils l'ont installée sur le fronton de la mairie. C'est là, à 17 heures, qu'il faudra aller pour lui rendre hommage.

Nous irons pour tous ceux qui l'aimaient, nous irons pour lui. Alexis était un grand monsieur et, dans le milieu du sport, il était très connu. Nous aurions certes préféré rester au calme, loin des caméras, loin de la foule, avec nos souffrances et nos pleurs. Mais pour Alexis, nous nous forçons à y aller.

Pont-Audemer,
mardi 10 mars 2015, 17 heures
Sylvie

Cindy s'est enfin endormie. Elle dort profondément. J'ai encore cette image d'elle ce matin, dans l'entrée de son appartement. Elle hurlait. Depuis la mort de Célie, elle n'arrive pas à remonter la pente. Moi non plus d'ailleurs. Personne ici !

Cindy était si proche de Célie. Elles avaient le même caractère, la même joie de vivre, la même insouciance. Cindy avait onze ans de plus. Elle s'est beaucoup occupée de sa sœur lorsqu'elle était bébé. Puis, quand Célie a grandi, elle m'aidait encore beaucoup. Cinq enfants à la maison, je ne pouvais pas être partout.

Là, elle dort. Je ne vais pas la réveiller. Il faut qu'elle récupère.

Alain

Sylvie, Cassie, Adriani et moi montons dans la voiture des gendarmes qui nous amènent par l'arrière du bâtiment municipal. Cindy n'est pas avec nous. Elle dormait profondément, nous avons préféré la laisser tranquille avec le reste de la famille et ses deux enfants.

À la mairie nous attendent tout un tas de gens, d'élus, de visages que je ne connais pas et qui viennent, tête basse, nous présenter leurs condoléances. Qu'importe, je ne suis pas là pour eux. Je suis ici pour Alexis, pour les amis d'Alexis, pour tous ceux qui ont souhaité lui rendre hommage. Mais j'appréhende de me retrouver face aux gens. J'appréhende de voir des têtes connues en train de pleurer. Je sais ce que ça provoque chez moi, je fonds en larmes immédiatement. Mais nous sommes là pour lui, et pour ses potes aussi, ceux qui l'avaient soutenu au moment où il n'était pas au mieux. C'est la moindre des choses ! Mais ça fait mal, ça rouvre des plaies.

En avançant sur le perron de la mairie, j'aperçois une foule immense devant nous. Il y a des dizaines d'objectifs et de caméras braquées sur nous. Mes yeux sont emplis de larmes, je tremble, je ne peux relever la tête. C'est trop difficile, trop compliqué. Sylvie est restée derrière, Cassie la soutient.

Même les mots du maire qui prend la parole, je ne les perçois pas tous. J'essaie pourtant de me concentrer et d'écouter, mais je peine à tenir debout tant je suis submergé par l'émotion. Et impossible de regarder Sylvie que j'entends pleurer derrière moi. Elle est chancelante, même tenue par le bras de Cassie qui comme nous tous se demande ce qu'elle fait là.

Moi, je garde la tête baissée. Je ne veux pas qu'on me regarde. Je veux être seul avec mes pensées, seul avec Alexis. Et voilà le maire qui prend le micro.

« C'est un nouveau drame qui touche la famille Vastine », commence Michel Leroux.

« Alexis, c'était un gentil. On le connaissait bien à Pont-Audemer. Il aimait cette ville, il aimait se promener rue de la République, il allait aux terrasses des cafés, il avait toujours le sourire.

Alexis, c'était celui qu'on aimait, on ne pouvait pas faire autrement que de l'aimer.

Alexis, c'était le courage. Petit, sur le ring, avec Alain, il a appris le goût de l'effort, les valeurs du sport. Il a porté les couleurs, très haut. C'est un champion, c'est un champion à qui l'on doit beaucoup et à qui on a un peu volé la victoire. La ville mais aussi les sportifs n'oublieront pas Alexis. Nous prendrons des dispositions pour que sa mémoire perdure dans la commune. »

Pendant la minute de silence qui suit ces quelques mots du maire, je retiens mes larmes, les yeux rivés au sol.

Puis nous déposons des roses blanches sur le portrait de mon fils qui a été placé près des marches. Dans la foule, des centaines de gens ont cette même rose blanche. Des centaines de roses pour lui.

Adriani trouve la force de prendre le micro que voulait me tendre le maire. Moi, je ne peux pas, je ne veux pas. Les mots ne sortiront pas. Caché sous son bonnet, mon fils a le courage de faire ce que je n'aurais pas pu faire, m'exprimer devant tant de monde.

« Je tiens juste à remercier les personnes présentes ici…

Si vous êtes là, c'est que vous avez connu un minimum Alexis.

C'était quelqu'un de bien.

C'était mon frère, je l'aimais…

Et comme il disait souvent, tu as rejoint ta princesse. »

Pont-Audemer
mardi 10 mars, 20 heures
Sylvie

Quelle épreuve ! Pourquoi nous avoir infligé cela ? En plus, je suis certaine que, dans la foule, il y avait des gens de la famille, des amis proches que nous n'avons pas vus. Nous les remercierons plus tard de leur présence. Pour le moment, il faut que nous restions ensemble pour ne pas craquer, pour nous soutenir, surtout mes deux filles, déjà si fragiles depuis le décès de leur sœur.

Jamais plus nous ne serons tous ensemble, comme auparavant, quand il y avait trêve de compétition. Tous mes enfants étaient autour de la table pour le repas familial. Ça se chamaillait beaucoup, ça ne se passait pas toujours bien car chacun avait son petit caractère, mais nous étions tous réunis.

Que pourrais-je donner pour que tout cela recommence ?

Que pourrais-je faire pour revivre ces moments ?

Rien, je le sais ! Ne restent que les souvenirs. Les souvenirs de ces bons moments passés lorsqu'ils étaient enfants et que nous étions dans notre maison, à la campagne. Je faisais toujours tout pour les rendre heureux et pour qu'ils ne manquent de rien, même si je n'en avais pas toujours les moyens. Mais je me débrouillais pour leur faire plaisir.

Quand ils étaient enfants, je savais que ce qui leur tenait à cœur, c'était de partir en voyage. Il y avait les classes de neige. Mais Adriani n'a jamais eu de chance ! Ça ne tombait jamais sur sa classe ! Alexis était plus en veine.

Nos véritables premières vacances, ce fut en Tunisie, une semaine. Grâce à la ville de Pont-Audemer, où Alain travaillait, nous avions bénéficié de prix très bas pour les billets d'avion. Seule Célie n'était pas venue, elle était trop jeune. Nous l'avions laissée en garde chez ma sœur.

Ce soir, à la maison, on ressort l'album photo. Et voilà Alexis qui se baigne, Alexis qui fait le pitre, et puis une photo des enfants à la plage, aux jeux organisés le soir au club. Tout le monde était heureux. Nos premières vacances, loin de Pont-Audemer, loin de la boxe.

Et nos premières vacances avec nos cinq enfants, ce fut quelques années plus tard. Célie avait quatre ans. On la voit bien sur cette photo. C'est la plus petite. Nous avions loué un chalet dans un village de vacances, à Gruissan. Ils sont tous là sur la photo : Cindy, Adriani, Alexis, Cassie et Célie.

Il y a aussi cette bague que je porte depuis cinq ans maintenant. C'est Alexis qui me l'a offerte. Une bague en argent sur laquelle il avait fait graver : « Ne jamais oublier que je t'aime ».

Alain

Je regarde les photos, mais aussi les médailles d'Alexis qui ornent les murs de la maison et qui témoignent de son fabuleux parcours sportif.

Un parcours de grand champion qui a véritablement débuté en octobre 2007, lorsque Alexis s'est envolé pour les États-Unis. Direction Chicago où se déroulaient les championnats du monde senior qualificatifs pour les JO de Pékin. L'entraîneur, c'était mon ami Dominique Nato. C'est lui qui a emmené la sélection France, qui cette année-là comportait onze athlètes. Parmi eux, Jérôme Thomas qui, quatre ans plus tôt, avait obtenu l'argent aux JO d'Athènes et le bronze en 2000 à Sydney. Du haut de ses vingt ans, Alexis avait déjà un impressionnant tableau de chasse avec cent trois victoires en cent dix-sept combats.

Pour ce Mondial amateur, il s'était préparé pendant plus de deux semaines à Porto Rico. « C'est ma première participation chez les seniors, n'arrêtait-il pas de me dire lorsque je l'avais au téléphone. J'espère au moins atteindre les quarts de finale. »

Mon Alex ne croyait pas si bien dire. L'objectif Pékin était au bout de ses gants et il passait par ce quart de finale à Chicago, sous peine de devoir aller batailler dans d'autres tournois internationaux en quête d'un billet pour la Chine.

Mais Alexis savait aussi que la marche serait plus haute en senior. Quelques semaines plus tôt, lors du tournoi de Constanza en Roumanie, il s'était incliné 21-15 en quart de finale face au Bulgare Georgiev.

« Mais j'ai travaillé comme un dingue, papa, j'ai travaillé ma précision, ma vitesse. » Il avait travaillé, certes, mais pas assez. Et au fond, cette défaite lui avait fait du bien. Il venait de comprendre que pour passer à la vitesse supérieure, pour jouer au plus haut niveau, il devait encore faire des sacrifices et intensifier ses entraînements.

J'étais certain qu'il allait faire un coup là-bas, dans l'Illinois. J'avais eu de bons échos à la suite de son dernier stage à Fontainebleau, avant qu'il s'envole pour les Antilles. Son entraîneur ne m'avait pas tout raconté, mais j'avais senti dans sa voix et surtout dans ses explications qu'il pensait tenir une pépite et qu'il croyait en lui pour un proche avenir.

Et effectivement, dès le premier tour, Alexis réussit l'exploit d'éliminer l'Ouzbek Dilshod Mahmudov, médaillé d'argent lors de la dernière édition. Il l'emporta de justesse, d'un petit point (28-27). Au tour suivant, il se débarrassa de l'Ougandais Adwards Akora. Puis, en huitièmes de finale, du

Moldave Vasili Belous. « C'est fait, papa, m'avait-il crié au téléphone au soir de sa victoire. J'irai à Pékin ! »

Mon Alex était heureux. Même si des milliers de kilomètres nous séparaient, je le sentais. Mais je l'ai recadré aussitôt, je lui ai dit de se concentrer immédiatement sur son prochain combat qui, en cas de victoire, le propulserait sur le podium. Inimaginable ! Mon gamin, vingt ans, pour ses premiers pas parmi les « grands », déjouait tous les pronostics, lui, le benjamin de la sélection. Il se hissait parmi les meilleurs mondiaux.

Mais en quart de finale, l'adversaire était bien trop fort, d'autant qu'Alexis était blessé au dos. À la fin du troisième round, il avait déjà dix points de retard. Il se déconcentra et s'inclina logiquement, 25-11 face au Britannique Bradley Saunders. Mais qu'importe, Alexis, Nordine Oubaali et John M'Bumba étaient les trois Français qualifiés pour Pékin.

Mon fils allait faire les Jeux olympiques !

Moi qui en avais rêvé quand j'étais jeune, moi qui m'étais mis cet objectif en tête, mon Alex y parvenait, pour le plus grand bonheur de toute la famille.

Alors les sollicitations ont commencé à se faire de plus en plus nombreuses. Pensez donc, un gamin de vingt ans, belle gueule, sourire ravageur, devenait en quelques semaines la nouvelle mascotte de la boxe française. Mais rien ne le perturbait. Il faisait fi de tout cela et restait fixé sur ce but à atteindre pour ne pas décevoir les siens, mais aussi ses entraîneurs qui lui faisaient confiance.

À cette époque, dans toute la région de Pont-Audemer, les gens se retournaient de plus en plus lorsqu'ils me croisaient dans la rue. De temps en temps, je percevais quelques mots du style : « C'est le père d'Alexis Vastine. » D'autres venaient me voir, me demandaient si mon gamin venait le week-end suivant, si Alexis prendrait le temps de venir les saluer ou boire un verre avec eux. Je leur répondais parfois oui, mais plus souvent, et selon mes interlocuteurs, je disais qu'il ne sortirait pas, qu'il devait rester concentré sur les JO et sur la difficile et longue préparation qui l'attendait.

De ce fait, quand il rentrait de l'Insep pour nous voir, il restait à la maison, passait beaucoup de temps dans sa chambre à écouter de la musique, échangeait des regards complices avec sa mère, riait avec ses sœurs et m'envoyait gentiment balader lorsque je lui parlais de boxe. « C'est bon, papa, je suis là pour parler d'autre chose. »

Alexis, c'était la joie de vivre l'instant présent, de nous rendre heureux et fiers. La joie de nous montrer qu'il avait une fois de plus réussi à grimper une marche qui pourtant paraissait inaccessible, même si notre gamin n'était plus un enfant mais un grand garçon. Il savait se transcender, se sublimer.

Il faisait très attention à son alimentation, à son poids. Moi aussi je le surveillais. Et quand il repartait à Paris, je savais qu'il était encadré, pour son bien. D'autant que le voyage en Chine avec la délégation « France Olympique » arrivait à grands pas.

La Chine était pour la première fois pays hôte des Jeux olympiques. À l'époque, les dirigeants de la République populaire de Chine avaient promis de gros efforts en matière de droits de l'homme. Mais dès le mois de mars 2008, des troubles ont eu lieu au Tibet. Des manifestations pacifiques demandaient la libération de moines bouddhistes. Cela a dégénéré et plusieurs personnes ont été tuées. Très vite, l'opinion publique internationale a exigé le boycott des Jeux et plus particulièrement de la cérémonie d'ouverture.

Alexis vivait cela de très près. Le 7 avril 2008, alors qu'il avait été choisi pour porter la flamme olympique à travers les rues de Paris, il a été insulté par quelques manifestants au cours d'incidents opposant des militants pro-tibétains et des membres de Reporters sans frontières aux forces de l'ordre.

Navrant ! Désolant ! Ce qui devait être une grande fête dans les rues de la capitale se transformait en bataille de rue, loin, très loin des valeurs de l'olympisme. La cérémonie s'est déroulée tant bien que mal. Stéphane Diagana était le premier des quatre-vingts relayeurs à porter le symbole olympique. Alexis se réjouissait, il m'avait confié la veille être très fier. « C'est un rêve de gosse que de courir avec la flamme, tu te rends compte, papa ! »

Mais dès le départ donné depuis le premier étage de la tour Eiffel, Diagana fut confronté à un premier incident malgré un impressionnant déploiement de forces de l'ordre. Des manifestants cherchaient à éteindre la flamme avec des extincteurs. Tout le long du parcours, des gens brandissaient des drapeaux représentant des anneaux olympiques en forme de menottes, des gens qui hurlaient, des bousculades et les premières grenades lacrymogènes.

Alexis attendait son tour dans le bus qui avançait le long du parcours. Il était en compagnie de David Douillet, Marie-José Perec, Mary Pierce et Teddy Riner. Il était le dix-septième relayeur. C'est un amateur qui devait lui transmettre le flambeau, et Alexis devait courir et le donner à la recordwoman de France du lancer de marteau, Manuela Montebrun.

Alexis était impressionné par toutes ces manifestations, mais aussi par la colère de certains relayeurs obligés, comme le tennisman Arnaud Di Pasquale, de renoncer tant l'insécurité régnait à plusieurs endroits du parcours.

Alexis, lui, a eu de la chance. Il a pu sortir du bus, il a pu prendre la flamme, la porter fièrement très haut et à bout de bras. En tenue blanche et rouge, arborant un badge olympique en soutien aux Tibétains sur lequel était écrit « Pour un monde meilleur », mon fils a, sur les quais de Seine, serré la flamme très fort dans sa main gauche et entamé son relais. Trois cents mètres, trois cents mètres de célébrité, trois cents mètres de fierté, de bonheur.

Mais sa joie a vite été écourtée par ce flambeau qui s'est éteint. On lui en a donné un autre, tout cela sous une forte escorte policière. Je revois encore mon fils courir à ce moment, les dents serrées, sous les insultes de quelques abrutis qui le traitaient de nazi, d'assassin, qui lui crachaient dessus.

J'avais mal pour lui. J'étais écœuré. Comment a-t-on pu laisser faire et dire de telles choses à des sportifs qui n'étaient là que pour représenter dignement leur sport, pour porter haut et fort les couleurs de notre pays ? Il ne faudrait jamais mélanger sport et politique. La fête du sport avait été gâchée, Alexis avait été psychologiquement blessé, mais il était encore plus déterminé à réussir et à se mettre en mode « commando » pour préparer Pékin.

Juste avant de s'envoler pour l'Asie, au retour du stage de l'équipe de France à Bugeat, Alexis est passé nous voir à la maison. Il avait changé ! Pas dans son attitude envers nous, pas dans sa façon de nous parler ou de nous regarder. Il avait changé dans sa manière d'aborder les choses. Il partait là-bas avec comme d'habitude l'envie de bien faire et de réussir, mais aussi avec une croyance en lui renforcée. Les mots de ses entraîneurs et préparateurs lors du stage corrézien, la vie de ce petit groupe d'Olympiens lui avaient fait du bien. Il était plus mature.

Mais il avait aussi du mal à se familiariser avec le régime imposé aux grands sportifs : viande blanche et légumes. Qu'ils étaient loin, les bons petits plats de maman, les pot-au-feu, les bœufs bourguignons qu'il aimait manger ! Là, terminé. Plus de gras, plus de sauce. Régime strict. D'ailleurs, à l'Insep, Alexis était suivi par une diététicienne du sport qui l'aidait à surmonter cela. Sur ce sujet aussi il était devenu beaucoup plus mature, il avait vite compris que c'était pour son bien.

Puis est venue l'heure du grand départ pour l'Asie. Avant de rejoindre le village olympique à Pékin, l'équipe de France de boxe était partie en stage à Bangkok, histoire de se mettre dans le bon fuseau horaire, de s'acclimater et de croiser les gants avec d'autres champions. D'ailleurs à l'époque, Dominique Nato avait tout fait pour créer un cocon autour de ses champions et leur éviter de se disperser en arrivant trop vite au village olympique. Sans cesse il leur répétait : « Avec les deux cent quatre-vingt-six meilleurs boxeurs de la planète présents à Pékin, tous les adversaires seront dangereux. Il faudra prendre chaque match comme une finale. »

Alexis nous a téléphoné en arrivant à Pékin. Enfin, comme chaque fois qu'il arrivait quelque part, il a appelé sa mère pour lui dire qu'il avait été impressionné en entrant dans ce site au nord de la capitale chinoise, une véritable ville dans la ville qui devait accueillir jusqu'à dix-sept mille personnes. « Nous sommes dans le bâtiment D2. Les appartements sont très confortables, nous sommes deux par chambre et c'est drôle, ici il y a tout le temps le chant des grillons. »

Puis est arrivé le moment qu'il attendait. La cérémonie d'ouverture. Nous, nous étions à la maison, devant notre télé. Cindy, Cassie, Célie étaient à nos côtés pour regarder ce grand moment. Notre fils aux Jeux olympiques ! Et ce qui n'était qu'un rêve quelques mois auparavant devenait enfin réalité. Mais il a fallu attendre longtemps avant que la délégation française n'entre dans le stade olympique. Et il a fallu se concentrer pour voir Alexis. Tout a été très vite ! Une seconde ! Nous l'avons aperçu une toute petite seconde. Il souriait. Il avait les yeux d'un enfant émerveillé par la splendeur d'un stade brillant de mille feux.

Lorsqu'il nous a appelés le lendemain pour nous faire part de cette grande émotion qui avait été la sienne, il avait encore des trémolos dans la voix. « On nous a emmenés dans un bus jusqu'au grand gymnase, à quelques centaines de mètres du stade olympique. Là, pour patienter, j'ai mangé une banane, deux barres de Snickers et des fruits secs. Et nous avons attendu notre tour en regardant l'écran géant où se déroulait la cérémonie. Il y avait des stars partout, Kobe Bryant, Roger Federer,

Michael Phelps… Quand le nombre 123 s'est affiché sur le grand écran, c'était à nous, juste après les îles Salomon et avant la Pologne. Dans le tunnel qui mène à l'entrée du stade olympique, nous nous sommes mis à chanter *La Marseillaise*. J'avais le cœur qui battait fort. Devant, il y avait Tony Estanguet, notre porte-drapeau. C'était magique, je tournais la tête dans tous les sens, je prenais des photos, j'en avais presque les larmes aux yeux. C'était magique, maman ! Je t'enverrai des photos. »

Mais la fête ne dura qu'un temps. Car deux jours après cette belle et émouvante cérémonie, les choses sérieuses ont commencé avec son entrée en lice dans le tournoi face au Lituanien Egidijus Kavaliauskas. Un combat qui comme tous les autres se déroulait au Palais des Sports des ouvriers.

Combat facile au vu du résultat, puisque Alexis passa sans encombre le cap du premier tour des super-légers. Mais combat imparfait tant il fut encore brouillon et souvent impatient, confondant vitesse et précipitation. Mais en montant en puissance au fil des rounds, comptant également sur son crochet droit et ses esquives précises, il domina Kavaliauskas 13 touches à 2.

Quatre jours plus tard, c'est une vieille et douloureuse connaissance qui se dressait face à lui lors du huitième de finale : le Britannique Bradley Saunders, celui qu'il l'avait battu aux Mondiaux de Chicago. Mais là encore, Alexis fut royal, tout en esquives et en contres, et s'imposa 11 à 7. En quart de finale, ce fut le Mongol Uranchimeg. Là encore, mon fils a livré un combat très propre et s'est imposé 12 à 4. Je revois encore ce combat assis devant ma télé. Je donnais les coups à sa place, je mimais toutes ses esquives, je vibrais avec lui. Une droite, une autre, le Mongol qui souffre, qui n'arrive plus à se débarrasser de l'emprise d'Alexis, la victoire ne pouvait lui échapper. Désormais, la médaille de bronze était au bout de ses gants.

Pour la demi-finale face au Cubain Diaz, toute la famille était réunie à la maison. Comme d'habitude, j'avais pris place dans mon fauteuil, bien en face de l'écran. Comme d'habitude, Adriani était à ma gauche. Comme d'habitude, Sylvie était debout, à nos côtés, à faire les cent pas. Elle avait eu Alexis au téléphone le matin même, comme d'habitude. Elle l'avait rassuré. Elle lui avait une fois de plus répété les mêmes mots, les mêmes encouragements. Cindy, Célie, Cassie, tout le monde voulait vibrer avec lui, lui donner la force de venir à bout de celui qui avait été éliminé en huitième de finale quatre ans plus tôt à Athènes. Notre fils était en demi-finale des Jeux olympiques ! Et que ce soit à Pont-Audemer ou à Fourmetot, où nous habitions, les gens commençaient à causer dans le village.

Plusieurs journalistes étaient également présents chez nous ce jour-là, pour assister au combat à nos côtés. Pour eux aussi, c'était un peu la fête. Moi, j'avais du mal à me lâcher. J'aurais tant aimé être là-bas avec Alexis. « Je vais gagner, maman, je vais gagner », avait-il assuré à sa mère. Nous attendions que son vœu soit exaucé. J'avais la boule au ventre, les mâchoires serrées, les mains moites lorsqu'il est monté sur le ring. Il avait le visage de l'homme déterminé, sûr de lui, intouchable mais concentré. Il avait surtout son visage d'ange.

Très vite, il a régalé le public par son enchaînement direct du droit, crochet du gauche. Je restais calme. Enfin, je tentais… À la fin du premier round, il menait 4 à 2. Assis dans son coin, il paraissait détendu et assimilait, entre deux gorgées et quelques passages d'éponge imbibée d'eau glacée, les précieux conseils de Kevin Rabaud. Sur le ring, le Cubain refusait parfois le combat. Alexis restait à distance et revenait s'asseoir avec un point de plus. Dès l'entame du troisième, il toucha deux fois mais fut sanctionné par l'arbitre. Incompréhensible. Peu importe, le troisième round se concluait sur un score de 9 à 6.

Il restait moins de deux minutes à tenir. Alex, mon Alex était tout proche du but. Mais à une minute et demie du terme, Diaz revint fort. Dans un corps à corps il marqua, toucha encore, mais Alexis parvint à se dégager, à allonger et à décocher une belle droite qui fit mouche : 10-8. Il restait une minute. Dans le salon, Adriani criait : « Vas-y, vas-y, Alexis ! » Je serrais les dents, accompagnant chaque mouvement. Je corrigeais son jeu de jambes, mais pas un mot ne sortait de ma bouche.

À quarante secondes du terme, Diaz revint à un point alors qu'il aurait dû être sanctionné. Trente secondes. Ils s'observaient. Alexis tenta une droite, Diaz l'évita, ce qui fit chuter Alexis qui se releva très vite. L'arbitre vint le voir, lui demanda de s'essuyer les gants. Le combat reprit. C'était interminable. Il n'avait plus qu'un point d'avance : 10-9, et moins de trente secondes de combat. Alex emmena Diaz dans le coin blanc, en corps à corps. « C'est bon, Alex, tu le tiens ! », lança Adriani. Mais les juges accordèrent une touche au Cubain.

Quel scandale ! Quel arbitrage de m… L'arbitre se retourna vers Alexis et, encore plus incroyable, lui infligea une pénalité. Sylvie lâcha un « Ohhh… » et se prit la tête entre les mains. Je voulais hurler ma rage, mais rien ne sortait. Les commentateurs de la chaîne sur laquelle le combat était retransmis étaient furieux. Ils connaissaient bien Alexis. Eux aussi avaient vu qu'il était victime d'une injustice. Je les entends encore. « Mais non ! Alexis Vastine est désormais mené de deux points, c'est un scandale, c'est honteux, c'est une parodie de combat !!! »

Encore quelques secondes, un ultime rush vers son adversaire truqueur, mais les coups n'arrivaient pas jusqu'au Cubain. À la cloche, mon Alex frappait les cordes, regardait dans le vide, cherchait à comprendre, criait sa rage.

C'était fini ! Si j'avais pu lancer une pierre dans l'écran, je l'aurais fait. La main de Sylvie me serra l'épaule. Adriani était en larmes. Je retenais mon souffle. Je suffoquais, j'étais en apnée. Alex avait reçu deux avertissements, soit quatre touches de perdues. Deux avertissements imaginaires. Et Alexis qui hurlait sur le ring : « Ils n'ont pas le droit, ils n'ont pas le droit de faire ça ! »

Je le revois encore pleurant toutes les larmes de son corps dans les bras de l'entraîneur adjoint Kevin Rabaud. Et nous, de l'autre côté du globe et derrière notre écran de télé, groggy par cette injustice. On venait de lui voler sa finale olympique. C'était, et cela reste, une honte. Tout ce travail pour ça ! Alex avait les moyens d'aller chercher la médaille d'or. Mais il y avait sur sa route ce désolant arbitre philippin, Rogelio Fortaleza, qui avait pris des décisions malhonnêtes, la première étant d'expulser Dominique Nato de son coin dès la fin de la première reprise.

Le soir, quand Sylvie put parler à notre fils au téléphone, il était inconsolable. Il ne pleurait plus, car il n'avait plus de larmes. Mais il avait envie de vomir, il était dégoûté par cette injustice. Sylvie tenta de le calmer, rien ne parvenait à cicatriser ses plaies.

Le lendemain, pendant qu'Alexis commençait à digérer, la presse s'est déchaînée. « Alexis Vastine éliminé par l'arbitre », rapportait *Le Parisien.* « Le scandale Vastine », avait titré *L'Équipe*, relatant les propos de mon fils : « Je me suis bien fait voler... Je ne savais pas qu'on arrivait encore à faire ça aux Jeux olympiques. Je n'ai pas fait un beau combat, mais je la méritais, la victoire. » Et Nato de reprendre : « Quelle ord... on ne donne jamais un avertissement à dix secondes de la fin, surtout qu'il n'était pas justifié. C'est interdit ! »

Le camp français n'a pas fait appel de la décision des juges et de l'arbitre de donner match gagné à Diaz, car Dominique Nato ne voulait pas pénaliser les boxeurs français encore en lice les jours suivants.

Alors, le 23 août 2008, c'est sur la troisième marche du podium qu'Alexis est monté pour recevoir sa médaille de bronze. Il méritait mieux, c'est certain, mais il devenait un grand de la boxe et un sportif reconnu en enrichissant le tableau des médailles françaises. Mais ce qui a surtout marqué les esprits, ce sont ses larmes, ses cris sur le ring. Des images qui repassaient sans cesse à la télé, des photos de lui, défait, publiées dans toute la presse. Moi aussi je les entends encore, ces cris. Il ne méritait pas cela, mon gamin. Il méritait l'or.

Trois jours plus tard, à son retour des Jeux olympiques, nous sommes allés l'accueillir au terminal 2E de l'aéroport Roissy-Charles-de-Gaulle. Il était 23 heures passées, mais tout le monde était là, les fans, les supporters, les familles des sportifs. Nous avions fait le voyage depuis Pont-Audemer avec Sylvie, Adriani et Célie. Jonathan, un copain de boxe, nous accompagnait. C'était long ! Il fallait attendre et encore attendre. Beaucoup étaient venus avec des drapeaux tricolores, d'autres étaient maquillés en bleu-blanc-rouge. De notre côté, nous étions simplement impatients de retrouver notre champion. Dans cette foule d'anonymes, beaucoup venaient me féliciter. C'était un grand moment de bonheur. Mais c'était Alex qu'il fallait féliciter, pas moi !

Puis les premiers champions sont arrivés dans le hall. Des applaudissements, des cris, des chants, des sirènes retentirent. C'était la fête ! Alexis tardait. Je ne le voyais pas. Jérôme Thomas, le boxeur français le plus titré, est arrivé le premier. Sa famille s'est précipitée sur lui, puis il est venu me voir et m'est tombé dans les bras. « Bravo champion, bravo », lui ai-je dit. « C'est ton fils qui a été grand, Alain. Alex, il a été énorme ! »

Oui, mais mon Alex n'arrivait toujours pas. C'était au tour de Daouda Sow de pointer le bout de son nez, puis de Khedafi Djelkhir. Sylvie faisait les cent pas derrière moi, tentait de prendre du recul pour mieux voir si notre fils venait enfin à notre rencontre. J'avais tellement envie de le serrer dans mes bras.

Puis c'est Dominique Nato qui est venu vers moi en poussant son énorme chariot à bagages. Son regard en disait long. Nous étions tellement complices depuis des années. « Ton fils méritait l'or, il méritait de gagner, il a été volé. Ton fils méritait l'or », ne cessait-il de me répéter.

Puis Alexis est apparu, polo rose sur le dos, médaille autour du cou, au bout d'un cordon rouge. Il levait le pouce en regardant la foule l'acclamer, il faisait des signes à tout le monde, il souriait. Nous ne voyions que lui, mais lui ne nous voyait pas encore. Il fallait qu'il avance, qu'il se fraye un chemin parmi tous ces gens heureux, comme lui.

Dès qu'il est arrivé à ma hauteur, je l'ai pris dans mes bras et je l'ai serré très fort. Je l'ai embrassé, je l'ai regardé et je lui ai glissé discrètement à l'oreille : « C'est à nous ! »

Oui, cette médaille était à nous. Elle était d'abord à lui, mais aussi à nous pour tous les sacrifices faits, pour toutes ces heures passées à travailler pour obtenir cette récompense. Celle que j'avais rêvé d'avoir et que mon fils portait autour du cou. Alors je ne pus m'empêcher de la regarder, de la prendre dans ma main pour la soupeser, de l'embrasser. Ce n'était, je le sais, qu'une médaille, mais elle représentait tellement pour nous, pour toute la famille.

Sylvie aussi est venue contempler de plus près cette médaille de bronze, après avoir longuement serré son fils dans ses bras. Puis ce fut au tour d'Adriani, de Célie. Petite pose pour les photographes. Tout le monde sourit pour la photo de famille avec notre champion.

Le soir même, nous sommes tous rentrés à Fourmetot. En voiture, en pleine nuit, des sourires plein les yeux. La nuit fut courte car nous devions défiler le lendemain sur les Champs-Élysées, avant d'être reçus par le président de la République. Au téléphone, ils avaient bien insisté. « Juste les champions, pas les accompagnateurs. » Alexis n'avait pas hésité une seule seconde : « Si mon père ne vient pas, je ne viens pas ! »

Nous sommes donc repartis tous les deux vers la capitale où la fête fut encore plus grande. Pas de fatigue due au décalage horaire et au long voyage de retour pour Alexis, qui avait revêtu sa veste blanche « France Olympique » comme tous les autres dieux de l'Olympe médaillés à Pékin et qui étaient montés en haut de ces bus à impériale pour parader sur la plus belle avenue du monde. Comme tous les autres, il portait fièrement sa médaille autour du cou. Des milliers de personnes nous acclamaient. Je dis nous, car j'avais eu la chance de pouvoir monter dans l'un des bus avec la délégation de boxe.

Mon Alexis ne cessait de saluer la foule, d'agiter le drapeau tricolore, de lancer des sourires à ceux qui l'interpellaient. Nous avions certes beaucoup moins de succès que les handballeurs, mais en voyant tous ces gens se masser sur les trottoirs, en regardant derrière nous l'Arc de triomphe qui n'avait jamais aussi bien porté son nom et en scrutant l'horizon en nous disant que l'avenue était encore longue, nous avons eu le temps, mille fois, d'entendre ou de chanter *La Marseillaise*. Ces champions étaient les héros du jour et moi, un spectateur privilégié assistant à ce beau spectacle, auprès d'eux, les médaillés.

Aux Jeux de Pékin, la France avait glané quarante médailles, un record de l'après-guerre et une fierté, avec notamment l'obtention historique de deux titres majeurs : le 100 mètres nage libre en natation avec Alain Bernard et la victoire en handball avec les Bleus. Le pays eut d'autres héros encore, comme Steeve Guénot, premier champion olympique de lutte gréco-romaine en quatre-vingt-quatre ans, Anne-Caroline Chausson, première médaillée d'or du BMX, ou Julien Absalon, double vainqueur en VTT. Les épéistes et les sabreurs par équipes avaient tenu leur rang, le premier. Cela faisait en tout sept titres olympiques. La France finit au dixième rang, mais avec plus de médailles que l'Italie, le Japon et la Corée.

Le peuple français, comme à Roissy la veille, se devait bien de fêter cela, un peu à la manière des footballeurs en juillet 1998. La descente des Champs-Élysées m'a semblé durer une éternité. Mais qu'importe, Alexis était heureux et fier. Il était surpris que des gens scandent son prénom. Deux ou trois fois, il s'était tourné vers moi. Il me regardait dans les yeux, en me souriant. Pas besoin de se parler, nous nous comprenions tellement que le regard suffisait. Un regard qui exprimait la joie, le bonheur et qui m'adressait aussi des remerciements. Car Alexis savait rendre à ceux qui lui avaient donné. Il savait que cette médaille accrochée à son cou, c'était aussi un peu la mienne, que j'avais œuvré dans l'ombre pour qu'il soit dans la lumière, sous le feu des projecteurs.

Cette formidable exposition médiatique s'est poursuivie l'après-midi quand, une fois échappés de la foule massée devant la boutique de l'équipementier de l'équipe de France qui avait reçu les champions pour des séances de dédicaces, nous sommes descendus du bus au 55, rue du Faubourg-Saint-Honoré.

Là, devant cet immense portail, face à ces colonnes de pierre, l'émotion était à son comble. Les plus grands de ce monde étaient entrés ici. Des chefs d'États, des célébrités, des hommes illustres avaient, avant nous, franchi ce portail et marché sur ce gravier qui mène aux marches du palais de l'Élysée. Alexis était excité comme une puce. Il allait, comme tous les autres médaillés, être reçu par le président de la République, décoré et fait chevalier de l'ordre national du Mérite.

Mais avec des sportifs heureux, pas facile de respecter le protocole, pas facile de rester tranquille. Alors que la délégation s'avançait lentement vers la réception officielle qui se tenait à l'intérieur du palais, le handballeur Guillaume Gille s'est mis à hurler : « Faites du bruit ! »

Ont suivi des effusions de joie, des applaudissements. Les flashs des photographes crépitaient à tout-va, les journalistes découvrant, un peu stupéfaits, ces scènes inhabituelles en ce lieu si solennel. Si inhabituelles que Roselyne Bachelot, la ministre des Sports de l'époque, s'est vite retrouvée entourée de sportifs en survêtements blancs qui l'ont soulevée de terre et portée triomphalement au pied des marches du palais. Mon Alexis n'était pas loin de Thierry Omeyer, Christophe Kempé et Cédric Paty, à l'origine de cette célébration improvisée.

À l'intérieur, sous les dorures du grand salon, la solennité avait repris ses droits. Avec Alexis, nous avions les yeux grands ouverts. Quel honneur pour nous d'être là ! Quand le président Sarkozy est entré dans la salle des fêtes et que l'huissier a réussi à faire taire l'assemblée encore quelque peu dissipée en annonçant « le président de la République française », j'ai vu mon fils se hisser sur la pointe des pieds pour mieux voir le chef de l'État. C'était la première fois qu'il voyait le président de la République, qu'il n'avait pas croisé à Pékin lors de la cérémonie officielle. Et nous découvrions l'Élysée.

« Tout d'abord, je tenais à dire bienvenue à ceux qui ont obtenu des médailles, comme à ceux qui n'en ont pas obtenu », a lancé le président. Un discours sobre, pas trop long, devant cette bande de sportifs dissipés mais respectueux. Un discours dans lequel il a souligné sa gratitude pour les sportifs.

Puis il y a eu les poignées de main, les embrassades, le cérémonial de la décoration, les premières coupes de champagne, et le président qui accaparait Alain Bernard.

Après toutes ces émotions et ces honneurs rendus, il a fallu qu'Alexis se ressource un peu. D'abord en vacances à Montpellier avec Alexia, sa compagne, puis à la maison. Qu'il se ressource, qu'il décompresse tout en continuant d'assurer le service après-vente, à savoir les nombreuses sollicitations médiatiques qu'il devait honorer. J'ai toujours expliqué à Alexis qu'il fallait accepter la presse, que nous avions besoin d'elle pour exister, pour nous faire connaître, surtout à ses débuts.

J'ai toujours respecté les journalistes, surtout les locaux, ceux de la première heure, qui nous ont soutenus dans notre progression. Pour Adriani, Cindy, Célie, c'était la même chose. Alors, à son retour en Normandie, notre héros a été fêté. Par les siens, par ses amis. Et *Liberté Dimanche* lui a consacré une pleine page titrée « Les poings sur terre ».

« Elle pèse lourd cette médaille, écrivait François-Xavier Rougeot, qui était venu rencontrer notre fils. Ce poids n'est pas celui de l'or, mais celui du bronze qui pend au cou d'Alexis Vastine. Ce bronze qui a tant fait jaser, aussi bien en dehors que dans le milieu de la boxe amateur, où la corruption guette à chaque coin de ring. Ce bronze qu'on lui ressasse à chaque coin de rue depuis cette mauvaise demi-finale olympique perdue par la faute d'un arbitre aujourd'hui radié de la profession. »

« Les larmes de Chine ont séché, poursuivait l'article. Mais c'est un mal pour un bien. S'il n'y avait pas eu cette médaille et ce qui s'est passé, on n'aurait pas entendu parler de moi », expliquait Alexis.

Cet article, je ne cesse de le lire, de le relire. D'abord pour la photo de mon fils, puis pour ces mots couchés sur le papier, des mots qui résumaient si bien ce qu'était Alexis à ce moment-là.

« Alexis a inauguré une plaque à son nom sur la façade de son école primaire. Sous son toit familial, qui ne l'abrite que le quart de l'année aux dires de Sylvie, sa maman, il a retrouvé la quiétude de ses débuts, seulement troublée par les allées et venues de ses deux shih tzus Vaurien et Voyou, mais aussi par les courriers d'encouragement de ses fans olympiques. "Hier, j'ai répondu à tous ceux qui m'ont écrit. Il y avait trente, quarante courriers, même de l'étranger, Belgique, Allemagne, Suisse, Suède, États-Unis. Il paraît même que les images de mon combat sont passées sur CNN." "Il en a même reçu de Miami", lance son père, ce père entraîneur que le petit Alexis, six ans, apprenti puncheur, a voulu imiter…

Quinze ans plus tard, les yeux bleus du champion brillent dans le lumineux séjour de la maison bâtie par son père, en surplomb de la vallée de la Risle. Empilé près de la longue table à manger, le paquetage d'Alexis : trois malles en plastique transparentes, blindées de linge propre soigneusement plié. Dessus, ses deux sacs de sport bleu et rouge, estampillés équipe de France.

Mais fini les vacances, demain, l'Eurois reprend le chemin de la capitale. Il y rejoindra ses potes de l'Insep pour les heures d'entraînement quotidiennes. "Tant mieux, ça me manque. Je n'aime pas rester à ne rien faire, j'ai peur de tout reperdre…"

Entre deux morceaux de R'n'B, il assume, le sourire en coin, sa notoriété naissante, enchaînant les cérémonies protocolaires. Ça fait partie du jeu, des Jeux, rigole-t-il en répondant aux nombreuses sollicitations des journalistes, ceux-là même qui l'ont obligé, pour les besoins d'un reportage vidéo, à visionner son fameux combat. "J'ai regardé un peu… sans regarder. Je n'ai pas trop envie, pas maintenant."

Mercredi, à l'invitation de son possible futur sponsor à trois bandes, Alexis a même foulé la pelouse du Stade de France, à la mi-temps de France-Serbie. Mais serrer la main de Thierry Henry ne change rien pour ce fan de la terreur latino Oscar de la Hoya, médaillé d'or aux JO de Barcelone et surnommé le Golden Boy…

Alexis "rechaussera" les gants dès demain, bien loin encore, dans son esprit, du clinquant de la boxe pro. “C'est vrai que c'est plus médiatique, donc ça pourrait m'intéresser. Mais j'ai encore des choses à prouver en amateur.” Les JO 2012 dans un coin de la tête. “Il ne faut pas vendre la peau de l'ours… il faut déjà que je me qualifie pour Londres.” Il tentera en novembre de porter haut les couleurs du 121e régiment du train de Montlhéry qu'il a intégré l'an dernier aux championnats du monde militaire. “Je vais peut-être recroiser Diaz, on m'a dit qu'il était militaire.” »

Et effectivement, en novembre suivant, Alexis était à Bakou, en Azerbaïdjan. Pour son retour à la compétition depuis les Jeux de Pékin et quelques jours après avoir fêté ses vingt et un ans, il participait au cinquante-deuxième championnat du monde militaire. En ce mardi 25 novembre 2008, le tournoi débutait bien puisqu'il sortait vainqueur aux points d'un combat difficile face à l'Azéri Ramal Amanov, vice-champion du monde : 19-9. Pourtant il était tombé sur un gros morceau dès le départ !

Mais ce n'étaient que le huitième de finale. En quart, le lendemain, c'est le Turc Avci Serdar qui se dressait sur son chemin. Et rebelote ! Nouvelle victoire avec en prime la manière, le style et le respect des consignes que lui avait imposées Kevin Rabaud. Victoire 3-1 et coup double en ce mercredi après-midi, puisqu'en se qualifiant dans le dernier carré des poids super-légers, il offrait à coup sûr une médaille à la France. Car en demi-finale, même les vaincus sont classés troisièmes ex æquo et empochent le bronze. Le bronze, Alexis n'en voulait pas. Il voulait mieux, il valait mieux.

Mais décidément dans cette épreuve, pas de temps pour le repos. Juste le temps de nous passer un coup de fil, de nous dire qu'il était en forme et qu'il se sentait bien et libéré du poids de la « défaite Diaz » qui lui pesait encore. Loin du BC Fourmetot où il était licencié à l'époque, loin du 121e régiment du train de Montlhéry, Alexis a combattu le jeudi et a une nouvelle fois décroché la victoire en battant aux points (13-9) l'Ouzbek Ulugbek Holmutarov. Il avait désormais deux jours pour préparer la première grande finale de sa carrière.

Il savait que le Biélorusse Yauheni Mashkevich avait une sale réputation. Il savait qu'il frappait fort et que lui devrait être solide sur ses jambes pour éviter les coups. Leçon retenue, puisque notre champion a survolé le combat pour s'imposer très nettement 14 à 2.

J'étais fou de joie. Pas autant que lui, mais fou de joie quand même qu'il ait, quelques mois après sa grosse déception de Pékin, remis le bleu de chauffe et repris sa marche en avant. En plus de ce titre mondial, il avait aussi été élu meilleur boxeur de la compétition. Cela faisait vingt-cinq ans, depuis la victoire de Laurent Boudouani, qu'un Français n'avait pas remporté ce trophée.

Bref, pour son premier rendez-vous mondial en tant que « caporal 1re classe Alexis Vastine », mon champion, qui était également le seul représentant tricolore, sortait auréolé d'un titre amplement mérité.

Mais peu de temps pour savourer ce succès, puisque dix jours plus tard il devait débuter la coupe du monde à Moscou. Une compétition qui réunissait les meilleurs boxeurs amateurs de chaque catégorie. Et malgré une tendinite au coude, Alexis est allé en Russie pour en revenir avec le bronze.

L'année suivante, il conserva son titre de champion de France des super-légers en battant Samir Machrouh 18 à 7. Combat qui ne restera pas dans les annales, mais qu'importe, Alexis avait fait le déplacement à Auxerre avec la ferme intention de gagner. Pari tenu. Dommage que cette sortie ait été ternie lors de l'ultime combat de la soirée opposant Jaoid Chiguer à Adriani en finale des welters. Une bande d'imbéciles, de supporters mécontents ont gâché la fête ce soir-là en cassant la scoring machine, si bien que l'arbitre a décidé de cesser le combat à la troisième reprise. Dans l'incompréhension la plus totale, Adriani fut déclaré vainqueur par abandon.

Quelques mois plus tard, Alexis poursuivait sa progression en remportant la médaille d'or aux Jeux méditerranéens de Pescara, face au Marocain Driss Moussaid. Sur les terres italiennes, il remportait une large victoire aux points (11-2). Quatre ans après Adriani, qui l'avait emporté lors des Jeux d'Almería en Espagne, Alexis rapportait un nouveau titre, une nouvelle médaille dans notre famille. Ce titre permettait aussi à Alexis de peaufiner sa préparation en vue des championnats du monde, organisés quelques semaines plus tard à Milan.

Mais après une victoire facile en seizième de finale des super-légers face à l'Azéri Ramal Amanov, 15-7, il s'était incliné sèchement au tour suivant face au jeune Anglais Scott Cardle, 17-5. Alexis n'avait tenu qu'un round avant de s'éteindre devant son adversaire. Peut-être trop fatigué par l'enchaînement des compétitions, peut-être besoin de souffler, car depuis Pékin son organisme était mis à rude épreuve.

Pourtant déçu par sa prestation aux championnats du monde, il devait honorer un dernier rendez-vous en cette année 2009. La President's Cup AIBA, qui se déroulait à Bakou. Il aimait bien aller boxer là-bas, en Azerbaïdjan, où un an plus tôt il avait conquis son titre mondial militaire. Et cela s'est plutôt bien passé puisqu'il a obtenu la médaille d'or en battant Sadiq Eynullayev devant un public pourtant acquis à la cause de son adversaire.

En 2010, direction Moscou pour le championnat d'Europe senior. Alexis était monté des super-légers aux welters, soit cinq kilos de plus à la pesée. Il s'illustra rapidement par de nettes victoires sur l'Arménien Samvel, le Suédois Chartoi et le Bélarusse Nurudinov. J'avais remarqué qu'au fil des combats, il faisait la différence grâce à sa technique et à sa vitesse de bras. Et puis, il savait désormais garder son calme, rester concentré lorsque les choses ne tournaient pas en sa faveur. La défaite amère de Pékin lui servait de plus en plus.

Malheureusement, il n'appliqua pas ces principes en finale où le Hongrois Balázs Bácksai lui donna une leçon de boxe en lui infligeant un sévère 12-1. Pour sa première grande compétition en welters, il aurait signé tout de suite pour ce résultat, compte tenu de son coude douloureux, mais il y avait quand même une légère frustration de ne pas avoir su répondre à son adversaire.

La déception d'avoir échoué fut vite effacée, quelques semaines plus tard, lorsqu'il glana en finale des poids welters son deuxième titre au championnat du monde militaire qui se déroulait en ce mois d'octobre 2010 à Camp Lejeune, en Caroline du Nord. Dans ce haut lieu des Marines, Alexis a vaincu aux points (3-2) l'Indien Amit Karki.

À vingt-quatre ans, mon fils était presque au sommet de son art. Rien ne lui résistait. À la maison, l'impressionnante collection de médailles et de ceintures rapportées de toute la planète commençait à prendre de la place… mais faisait notre fierté dès que quelqu'un nous rendait visite. Devant ces coupes et autres trophées, Sylvie et moi ne manquions pas de dire que ces récompenses n'étaient pas que celles d'Alexis. Adriani, Cindy mais aussi Célie contribuaient à enrichir le palmarès familial.

En 2011, quelques mois après avoir intégré le Paris United, une franchise créée par l'ancien champion olympique de boxe anglaise Brahim Asloum, Alexis, qui avait toujours en tête l'objectif JO de Londres, a payé les efforts consentis l'année précédente. Il se plaignait du dos.

Pour sa septième année à l'Insep, il continuait d'enchaîner les entraînements, les combats, les compétitions. Mais son corps commençait à le trahir. Trop de boxe et pas assez de temps de repos. En réalité il sacrifiait tout à la boxe, ne laissant aucune place aux loisirs, lui qui voulait tant apprendre à jouer de cette guitare qui depuis des mois était posée sur l'étagère de sa chambre à l'Insep.

Mais la hernie discale qui le faisait souffrir lors de crises aiguës l'a contraint à arrêter de boxer à un peu plus d'un an du rendez-vous londonien. Ce qui provoqua la colère de Brahim Asloum qui comptait énormément sur son champion pour remporter les World Series of Boxing. Mais mon Alex ne pouvait plus.

C'est donc à Cap-Breton qu'il est parti se refaire une santé. Pendant une dizaine de jours, il a confié son corps au célèbre Centre européen de rééducation réservé aux sportifs. Dans ce lieu d'accueil de sportifs amateurs et professionnels de haut niveau, plus de deux mille personnes passent chaque année. Dont quelques grandes stars, comme le Brésilien Ronaldo ou Sébastien Loeb.

Alexis voulait soigner son corps loin du tumulte parisien, loin des rings. Il voulait se couper du monde de la boxe, ne plus en entendre parler, ne plus avoir personne au téléphone, même nous. Il voulait faire un vrai break et s'occuper un peu de lui. Alors, face à l'Atlantique, face aux célèbres vagues de la côte landaise qu'il allait contempler tous les jours, il s'est petit à petit reconstruit entre les mains du docteur Éric Laboute et du kiné Stéphane Ladoucette qui ont tous deux fait un travail formidable.

Une fois remis sur pied, il est parti au Brésil avec un moral d'acier et un corps tout neuf pour participer à son troisième championnat du monde militaire, qui cette année-là se déroulait à Rio. Il n'avait pas boxé depuis près de quatre mois, nous étions inquiets sur sa capacité à entrer rapidement dans les matchs, à tenir le rythme, à retrouver ses automatismes. Mais il nous a vite rassurés en l'emportant dès le premier tour après la disqualification de son adversaire le Namibien Kasuto. En huitième de finale, il s'est retrouvé face à un géant, le Coréen Kim Chun-shik, qu'il a aisément battu 17-4. Alexis avait retrouvé son punch, son jeu de jambes. « Je n'ai plus mal au dos, je retrouve mes sensations », m'avait-il dit avant d'affronter le Tunisien Mejri en quart de finale. Ce fut une correction. L'arbitre dut même arrêter le combat tant Alexis portait des coups assassins à son adversaire, qui au bout d'un moment se mit à chanceler sur le ring. Les enchaînements, les désaxés, tout y passait.

Alexis était monté d'un cran et devenait, aux yeux des observateurs, la bête à abattre. Mais personne n'y parvint, ni le Brésilien Myke Carvalho qu'il écarta 21-12 en demi-finale, ni le Marocain Khalsi qu'il battit 17-7 en finale.

Fraîchement sorti de Cap-Breton, Alexis venait, en ce mois de juillet 2011, de mettre sa montre à l'heure anglaise avec les JO de Londres en ligne de mire. C'était dans un an. C'était demain.

Mais plus largement, Alexis entrait dans l'histoire en remportant un troisième titre aux jeux mondiaux militaires, une première pour un Français. Il devenait aussi le militaire français le plus titré en boxe.

Alexis avait une forme de sérénité qui lui permettait de reprendre confiance et d'enchaîner avec assurance les combats avant le championnat du monde amateur qui aurait lieu quelques semaines plus tard à Bakou.

C'est à Cuba qu'il est parti parfaire sa préparation. Pas le temps pour lui de faire le touriste ou de profiter des belles plages de sable fin. Les journées d'entraînement étaient intenses en ce mois d'août sous la chaleur des Caraïbes.

Si Dominique Nato et l'équipe de France se préparaient sur cette île, c'est parce que la boxe est là-bas un sport national. Chaque année elle produit de grands champions. Par exemple, lors des JO de Barcelone en 1992, le pays a raflé sept des douze titres olympiques. Et quatre ans plus tard à Atlanta, sept des vingt-quatre finalistes venaient de Cuba, qui obtint quatre médailles d'or. Même chose à Sydney en 2000 avec à nouveau quatre médaillés d'or.

À Cuba, la célèbre Finca Holvein Quesada, la prestigieuse école de boxe de La Havane, est une institution où la boxe se pratique entre sueur, musique, chaleur et coups de poing.

Alexis avait beaucoup appris à Cuba, notamment sur la vitesse d'enchaînement, sur ses déplacements. Et à peine revenu, il s'était envolé pour l'Ukraine afin d'effectuer un nouveau stage préparatoire pour le championnat du monde de boxe amateur qualificatif pour les JO. À Bakou, les huit premiers de chaque catégorie remporteraient leur billet pour Londres.

En cas d'échec, Alexis aurait été obligé d'en passer par un tournoi européen à Istanbul. Ce qu'il n'a pas eu à faire, même si son résultat en Azerbaïdjan fut décevant. En effet, il avait été battu en huitième de finale par l'Ukrainien Taras Shelestyuk sur le score de 18-11.

Initialement, seuls les quarts-de-finaliste gagnaient automatiquement leur ticket pour les JO, mais pour

Alexis, il suffisait que Shelestyuk, son tombeur, arrive en finale, ce qu'il réalisa.

Pourtant, le tournoi avait plutôt bien débuté puisqu'en trente-deuxième il avait battu le Britannique Scott Cardle, qui deux ans plus tôt l'avait défait aux Mondiaux de Milan, et cela s'était poursuivi par une victoire en seizième face au Marocain Khalsi. Mais lors de cet ultime combat, Alexis était retombé dans ses travers, il avait pris deux points de pénalité pour coups bas. Bref, il n'était pas dans le coup face à cet adversaire qui l'avait déjà dominé quelques semaines plus tôt lors du stage en Ukraine.

Alors c'est vrai, il avait obtenu son billet pour Londres, mais il était déçu. Déçu et aussi lucide par rapport à l'année qu'il venait de vivre. À cette blessure, à ses matchs de World Series of Boxing avec le Paris United qui finalement avaient perturbé la préparation des boxeurs tricolores. « Trop de boxe tue la boxe », disait-il à l'époque.

Ces championnats du monde en Azerbaïdjan sonnèrent également le glas du directeur technique national, Dominique Nato présentant sa démission suite au zéro pointé de la délégation française lors de ce rendez-vous. Pour la première fois depuis vingt ans, les tricolores rentraient au pays sans médaille.

À l'époque, le journal *L'Équipe* avait titré « La France KO » et l'article faisait le récit d'un désastre pas si inattendu. La boxe française allait mal. Mais mon Alex était qualifié pour sa deuxième olympiade avec l'envie de tout gagner, de conjurer le sort et d'effacer la déception survenue quatre ans plus tôt.

Son statut avait changé. Il n'était plus le jeune inconnu qui allait aux Jeux. Il n'était plus le petit du groupe France. Il n'était plus le gamin que tout le monde aimait. Avec son palmarès et sa renommée désormais internationale, il était le grand favori de la catégorie des moins de 69 kilos et le chouchou des médias et des sponsors. Mon Alex était devenu la star de la boxe française, faisant de l'ombre à Jérémy Beccu, Rachid Azzedine, Nordine Oubaali et Tony Yoka, les autres champions qualifiés pour le tournoi.

Alors, forcément, cela agaçait beaucoup de monde, cela créait des tensions. Tout a débuté par une chamaillerie de cour d'école. C'était en janvier 2012, durant un stage au pôle France. Lors d'un entraînement physique, Alexis avait lancé un peu fort un médecine-ball en direction de Jérémy Beccu qui l'avait reçu en plein visage. Ce jour-là, le jeune poids mouche avait justement pris la mouche et insulté mon fils, le traitant de tous les noms d'oiseaux. Le lendemain, il avait recommencé lors d'un match de foot.

C'est ainsi que tout a commencé, sur une connerie, une petite connerie qui s'est envenimée et qui au fil du temps a vérolé le groupe. Dès lors, il y a eu un clan Vastine et un clan anti-Vastine. Et puis il y avait sa belle gueule, celle qui attirait les filles, les fans, les journalistes en quête de belles histoires.

Alexis et ses larmes chinoises, Alexis qui s'était relevé, Alexis qui remportait ses combats, Alexis qui attirait les sponsors, comme Adidas qui était venu le chercher pour tourner une pub au côté du footballeur barcelonais David Villa, Alexis le mannequin qui avait été choisi par le Club France pour présenter les tenues olympiques prévues pour la cérémonie d'ouverture des JO. Alexis suscitait la jalousie.

À l'époque, mon fils s'était exprimé dans la presse sur ces dissensions : « Chacun est dans sa bulle et travaille pour être champion olympique. On n'est pas là pour s'embrasser sur la bouche. On va à Londres pour être les meilleurs et représenter la France au plus haut. »

Mais plus les jours passaient, plus les animosités étaient palpables ; que ce soit lors du stage préparatoire à Sao Paulo ou au tournoi international de Belgrade, où Alexis s'était imposé face au Russe Saydkhhusey Musalipov malgré une douleur au coude.

C'est dans cette ambiance quelque peu délétère qu'il a débuté le tournoi olympique le dimanche 29 juillet 2012. En seizième de finale de la catégorie des moins de 69 kilos, Alexis était opposé à l'Allemand Patrick Wojcicki. Il était bien et a fait bonne impression pour son premier combat, sortant vainqueur aux points, 16-12. Cinq jours plus tard, il continuait sur sa lancée en dominant le Mongol Tuvshinbat Byamba d'une courte victoire 13-12. Il était désormais qualifié pour le quart de finale face au champion du monde en titre, l'Ukrainien Taras Shelestyuk.

Adriani

Pour les Jeux olympiques de Londres, la Fédération française de boxe m'avait choisi comme sparring-partner pour accompagner mon frère à Londres. Nous étions cinq boxeurs, comme moi, à préparer nos champions au combat. C'est Jean Savarino qui m'avait demandé d'aider Alexis dans sa quête de médaille. J'étais présent à chaque entraînement. Mon rôle était de me mettre dans la peau de son prochain adversaire en tentant de boxer comme lui. Pour cela, il m'avait fallu passer pas mal de temps à visionner les combats de l'Allemand, du Mongol et bien évidemment de l'Ukrainien qu'il allait affronter. C'était un adversaire coriace sur le papier et Alexis s'en méfiait beaucoup puisqu'il était champion du monde en titre. Mais nous avions redoublé d'efforts et mon frère était monté d'un cran dans sa préparation aussi bien physique que mentale pour ce combat qui devait lui ouvrir les portes de la demi-finale.

Dès le premier round, j'ai senti qu'Alexis était plus fort. Shelestyuk avait beau avoir l'avantage après son succès face à mon frère huit mois plus tôt à Bakou en huitième de finale des championnats du monde, ce n'est pas lui qui menait la danse. Alexis délivrait de belles séries. Son adversaire, plus puissant, se contentait de bloquer les assauts. Shelestyuk était désorganisé, si bien qu'à l'entame du troisième et dernier round, ils étaient à égalité.

À ce moment-là, je me suis dit qu'Alexis allait le faire. Je le sentais plus frais, plus mobile sur le ring. Plusieurs fois l'Ukrainien a refusé le combat, allant rajuster ses gants dans son coin pour souffler, car Alexis dominait, portait ses coups. Trois, quatre touches nettes, en direct. Pas une fois Shelestyuk n'a touché.

Lorsque la cloche a retenti, mon frère a immédiatement levé les bras au ciel. L'Ukrainien était dans les cordes, essoufflé, épuisé. Alexis s'est alors mis à saluer le public, dignement. Moi j'étais fou de bonheur pour lui. Il y était arrivé. Il allait pour la deuxième fois atteindre les demi-finales des JO. Puis, en me levant pour mieux apprécier cet instant, je l'ai vu se retourner et savourer le tonnerre d'applaudissements qui s'élevait dans la salle. Alexis était heureux, dans le respect de la décision finale, mais il savait qu'il avait accompli quelque chose de grand. Alors il s'est dirigé vers le coin bleu où l'attendaient Jean Savarino et Mariano Gonzáles. L'accolade était belle, sincère. Mariano le serrait dans ses bras, lui tapait sur le casque. Alexis souriait, il sautait de joie, lui donnait un petit coup de boule en guise de remerciement.

Puis vint l'heure de la décision. Il avait enlevé ses gants et se signait encore une fois. Il était là, la tête haute, le sourire aux lèvres, le bonheur d'avoir accompli son devoir. Il embrassait sa main, levait le doigt et les yeux au ciel. Les secondes étaient des minutes, l'attente était interminable. Mais il n'y avait pas de doute. Bye Pékin, fini les larmes. L'Ukrainien, à la gauche de l'arbitre, beaucoup moins serein car il savait que la victoire allait lui échapper, tentait de se détendre. La tête dans les épaules, il remuait, s'agitait.

Alex fit encore un signe de croix. L'arbitre tenait les mains des deux boxeurs. Alexis ne bougeait plus. Il attendait le verdict pour laisser exploser sa joie. Il attendait tellement ce moment. Le speaker a alors ouvert son micro :

« *Ladies and gentlemen* », puis il égrena des mots que je ne comprenais pas, mais le public se mit à siffler. Plus l'arbitre parlait, plus le public semblait mécontent. J'essayais tant bien que mal de comprendre quand j'ai entendu : « *The winner is in the red corner, Taras Shelestyuk.* »

Là, le monde s'est écroulé sous nos pieds. J'ai vu mon Alex s'arracher de la main de l'arbitre, bondir sur le ring les bras ballants puis, en les levant au ciel, hurler : « Non… non… non… » Alors que le speaker tentait de se faire entendre par le public furieux de cette décision, Alexis s'est allongé de tout son long au milieu du ring, les bras en croix. Et il continuait de hurler : « Non… non… non… »

Il ne voulait plus bouger. C'était interminable. Il a fallu que Jean Savarino monte sur le ring et le raisonne pour qu'Alex accepte de se relever et de descendre. « Non… non… non, ça fait deux fois ! », criait-il en armant son poing droit et en frappant de toutes ses forces dans le coin bleu. Il était inconsolable. Il passa alors les cordes, salua une dernière fois la foule en lui envoyant un baiser, une foule qui était aussi stupéfaite que nous. Il a ensuite descendu les marches comme un pantin désarticulé, hagard. Il était en pleurs. « Non… non… non, pas deux fois, pas deux fois », répétait-il sans cesse en hurlant à s'en casser les cordes vocales.

Il vint vers moi. Je l'ai aussitôt pris dans mes bras. J'étais dégoûté, aussi malheureux que lui. « C'est toi le champion », lui ai-je alors dit au creux de l'oreille. Mais rien n'y faisait, ni mes bras qui le serraient ni mes mots. Alexis ne se calmait pas, bien au contraire. En se dirigeant vers les caméras de France Télévisions pour répondre à Arnaud Romera, il avait encore le souffle coupé en tentant d'expliquer ce qui venait de se produire, sous les yeux de millions de témoins : « Je n'ai pas de mots, disait-il, j'ai pas les mots… Je ne peux pas parler… C'est une honte, surtout sur le dernier round…

Je sature, je voulais ramener la médaille pour la France… »

Puis il s'est dirigé vers la zone mixte où l'attendaient les journalistes, mais il n'est pas allé bien loin. Trop abattu, trop déçu, trop écœuré. Il a jeté ses gants à terre, puis s'est laissé glisser le long du mur en prenant sa tête dans ses mains. « Non, non, pourquoi, pourquoi, putain ? »

Dans les minutes qui ont suivi, la délégation française a porté réclamation. Alexis, douché, rhabillé mais toujours aussi écœuré, est resté dans l'Excel Arena où, peu après 23 heures, il a été entendu par les juges.

Puis il a patienté. Je suis passé le voir dans le couloir où il attendait la décision, pour lui dire de me rejoindre au Club France ensuite. Il allait un peu mieux, mais dans ses yeux j'ai bien vu qu'il y avait quelque chose de brisé. Il a attendu plus de deux heures, jusqu'à 1 h 15, pour finalement prendre un deuxième uppercut.

Lorsque je l'ai vu entrer au Club France, il était défait, livide, fatigué. Il a tout de suite été accaparé par tous ceux qui voulaient le réconforter, qui, comme lui, criaient à l'injustice. Il y avait déjà des centaines, des milliers de messages sur les réseaux sociaux pour dénoncer ce vol.

Lorsque, tard dans la nuit, le Club France a fermé, nous sommes sortis et nous avons longuement discuté. Nous avons refait le combat, analysé le moindre coup, le moindre point. Nous arrivions toujours à la même conclusion : Alexis avait gagné. Alexis avait été volé. Je l'ai laissé vers 6 heures du matin. Je suis rentré au dortoir de l'université où j'étais logé.

Plus tard, j'ai su qu'Alexis était allé au McDo. Il ne comprenait pas ce qui lui arrivait. Il ne cessait de regarder sa page Facebook, d'envoyer des textos à sa copine, de pester contre les arbitres. Il disait être dégoûté, avoir besoin de vacances.

Le lendemain, il écrivait sur son profil :

« Couché à 6 heures, impossible de dormir. Je me suis levé pour aller courir puis pour aller au sauna. Comme si je boxais vendredi en demi-finale. De toute manière, je n'ai fait que ça toute ma vie dans l'espoir de devenir champion olympique.

À six ans j'ai commencé la boxe. Les jeux, c'était mon rêve. À treize ans, j'ai quitté mes parents pour intégrer le pôle espoir. C'est alors devenu l'objectif auquel j'ai tout sacrifié, car c'était le prix à payer pour l'atteindre. J'ai accepté de vivre jusqu'à vingt-cinq ans dans une chambre à l'Insep loin des miens, j'ai sué, j'ai saigné, j'ai pris des coups dans les pays où les boxeurs sont les plus forts. J'ai eu des satisfactions aussi, quand mes résultats me rapprochaient de mon but.

Mais ils ne me servaient qu'à cela. J'ai tout fait pour avoir ce titre. Ça fait deux fois que l'on m'en prive pour de mauvaises raisons. Je n'arrive pas à y croire. Je n'ai jamais triché, j'ai toujours été respectueux. Quand je pense à mon avenir, je ne vois rien. Je voulais tellement ce titre. J'ai mon BE1, c'est tout. J'avais tout misé sur les Jeux. Je pensais que Pékin me servirait au moins à ne plus me faire voler. Arrêter ? Je ne sais pas quoi faire, ni comment.

Je sais qu'il est trop tôt pour décider, et que l'on ne prend jamais les meilleures décisions à chaud. Repartir pour Rio 2016 ? Avec qui, dans quelles conditions et pour quelle issue ? J'ai tout donné pour mon sport et je n'ai pas eu le temps de construire mon avenir.

J'ai des envies, mais rien de bien concret. Il va falloir digérer et réfléchir. Le plus dur combat n'était peut-être pas hier soir… »

Sylvie

Après cette déconvenue, je me souviens avoir attendu longtemps avant de l'appeler. D'abord parce que ce soir-là je travaillais à l'usine, ensuite parce que je savais qu'il était au plus mal. Je voulais soulager sa peine. Je lui ai juste envoyé un SMS pour lui dire que j'étais fière de lui, que je l'aimais fort.

Plus tard, beaucoup plus tard, quand il a décroché, je n'ai pas trouvé les mots : il pleurait. Il était inconsolable. Sa douleur, je l'avais aussi. Ses émotions, je les ressentais. C'était tellement injuste. Il s'était tellement donné, il avait tout fait pour y arriver, pour réussir à décrocher le Graal.

Au téléphone, je ne savais pas quoi lui dire, c'était dur, si dur. Et lui qui me répétait sans cesse qu'il en avait assez, qu'il voulait tout arrêter, qu'il en avait « marre de cette putain de boxe ».

Quand il est rentré en France, j'ai vu sur son visage qu'il n'était plus le même. Il ne voulait plus parler de combat, de ring, de gants, d'entraînements. Même Alain ne lui parlait pas de boxe : il avait vu qu'Alexis saturait, qu'il fallait le laisser tranquille pour qu'il digère, lentement.

Alain

À Londres, la délégation française a porté réclamation auprès de la Fédération internationale (AIBA). Alexis a attendu plus de trois heures en compagnie de son ami Nicolas Guis pour savoir si les juges allaient revenir sur leur décision. Tout le monde avait vu qu'Alexis s'était fait voler. Tout le monde, sauf eux. Et comme à chaque fois, la réclamation n'a pas abouti. Ils ne reviennent jamais sur leur décision, jamais.

Pourtant, aux yeux de tous les observateurs, Alexis avait gagné. Moi-même, juste avant la décision, je m'étais dit : « Ça y est, il l'a battu. » Je savais qu'il était capable de battre n'importe qui, même cet Ukrainien champion du monde en titre. Alexis l'avait déjà affronté chez lui et, déjà là-bas, il avait été volé. Mais c'était en Ukraine… Là, j'étais furieux. Je me suis dit : « C'est pas vrai, pas deux fois ! »

Ce jour-là, ils ont détruit sa vie, ses rêves.

Ce jour-là, ils ont brisé mon fils.

Ces gens, je leur en veux énormément. Tous ces membres de la Fédération, tous ces membres du

CIO qui n'ont pas eu le courage de reconnaître que mon fils avait été volé lors de ce combat.

Après quelques semaines, il a été prouvé qu'il y avait eu des dessous de table. Tout le monde le savait. Des arbitres ont témoigné, l'un d'eux a été radié. Ils l'ont viré. Quant au président de la Fédération française qui n'était pas blanc comme neige, il connaissait à l'avance le résultat de la réclamation. La preuve, il était déjà dans le métro londonien lorsque le verdict est tombé. Tout cela était écœurant. Alors je comprenais Alexis qui voulait tout arrêter. Moi aussi je pensais la même chose. Pourquoi avoir entraîné un gamin aussi durement pour un tel résultat ?

Alexis est rentré à Fourmetot une semaine plus tard. Il ne fallait plus lui parler de boxe. Il ne voulait plus rien savoir, plus rien entendre. Dans sa tête, il avait tout laissé tomber.

Avec Sylvie, on essayait bien de le consoler, mais rien n'y faisait. Il avait tout donné, tout sacrifié pour les Jeux olympiques. Quatre ans de préparation à s'entraîner tous les jours. Il la voulait sa médaille, il le voulait son titre olympique.

Alors je l'ai laissé digérer, je l'ai laissé…

« Alexis, tu fais ce que tu veux ! Si tu veux arrêter, tu arrêtes. »

J'avais compris sa souffrance, je m'étais mis à sa place. Moi aussi j'avais arrêté la boxe, écœuré de me faire voler. C'est un sport tellement dur ! Beaucoup de boxeurs arrêtent à cause des mauvaises décisions arbitrales. Mais Alexis, je ne voulais pas qu'il arrête. Il avait un énorme potentiel. Ce gamin était un surdoué de la boxe, je me disais : « Quel gâchis, quel gâchis ! »

Quand j'ai vu dans quel état était mon fils et que tous les médias nous soutenaient, j'ai envoyé une lettre au président du CIO pour lui cracher tout mon venin, pour lui dire que son instance venait de briser la carrière d'un grand champion. Il ne m'a jamais répondu, il n'a pas eu le courage de me répondre.

Sylvie

Les semaines qui ont suivi sa désillusion londonienne, je voyais bien qu'Alexis avait changé. D'ailleurs, il venait moins souvent nous voir. J'avais du mal à l'avoir au téléphone, il ne répondait plus. Petit à petit, il s'est isolé. Les rares fois où nous avions l'occasion de discuter, il ne se confiait plus. Lui qui était si disert avec moi…

Il était perdu, désespéré. Je le sentais à sa voix, à sa façon d'être. Ce n'était plus l'Alexis d'avant. Je pense aussi qu'il avait des amis qui lui étaient néfastes. Des copains de sortie… Il cherchait la compagnie de gens qui pouvaient l'aider à surmonter sa déception. Il voyait tout en noir.

Alain

De temps en temps, lorsqu'il venait nous voir, on le piquait au vif. On lui disait de ne pas se laisser aller. J'étais moins doux que sa mère. Je ne supportais plus de le voir comme ça. Je lui disais : « Alexis, tu as des capacités, tu sais que tu peux encore faire quelque chose. Il ne faut surtout pas te laisser aller. »

Je savais par ses entraîneurs qu'il faisait la fête. J'étais hors de moi. Lui qui ne sortait jamais avant. Lui qui n'allait jamais en boîte. Il s'était privé de tout, même durant son adolescence. Et là, en quelques semaines, il avait appris à sortir, à traîner, à boire… Il partait à la dérive. Il avait pris des joues, il avait grossi de partout.

« Qu'est-ce que t'as à me dire ? Dis-le-moi ! Qu'est-ce que t'as à me dire ? », me hurlait-il au visage.

Il savait que je voyais. Un seul regard suffisait entre nous. Il savait ce que je pensais de lui, de ce qu'il était devenu. Il m'envoyait promener et après, comme d'habitude, il venait me demander pardon.

« Papa, pardon, papa ! »

Il était comme ça, Alexis.

Mais il était attaqué par ses démons.

Pour ne rien arranger, il a été exclu de l'Insep. Tout ça parce qu'il avait eu des mots très durs à l'encontre d'Humbert Furgoni, le président de la Fédération française de boxe. Son exclusion signifiait que son appartement et son salaire étaient supprimés. Il ne touchait plus les huit cents euros mensuels qu'il percevait au titre d'athlète de haut niveau.

Il venait de se faire voler aux JO, sa carrière était brisée, et on lui coupait les vivres parce qu'il avait dit ses quatre vérités à Furgoni. Il lui avait dit : « Vous n'avez pas été là pour me soutenir, vous étiez déjà partis, vous saviez… »

Quelques mois plus tard, Furgoni a été radié puis viré de la Fédération et Alexis a été réintégré à l'Insep.

Mais le mal était fait et Alexis continuait à aller chez des copains, chez Pierre, Paul, Jacques… Et il faisait la fête, il buvait.

J'avais beau lui dire qu'il était sur la mauvaise pente, il ne réagissait pas.

Il était métamorphosé. Il avait pris presque quinze kilos. Il n'allait même plus à l'entraînement, il ne parlait plus de rien, il était écœuré de tout. Il savait aussi qu'il était abandonné, pas par ses copains, mais par toutes les instances de la boxe qui pourtant auraient dû le soutenir. Mais ils l'ont laissé tomber. Dans cette détresse, il s'est complètement laissé aller. Il a atteint les quatre-vingt-dix kilos. Transformé, il n'était plus le même.

À l'époque, j'apprenais les choses par les autres, par quelques-uns de ses vrais copains qui étaient stupéfaits de le voir ainsi et qui eux non plus n'arrivaient pas à le raisonner. Un jour, j'ai su que, en état d'ivresse, il avait insulté quelqu'un à l'Insep. J'avais mal pour lui. C'était un gamin si gentil. Mais il avait tellement changé.

Il venait aussi de moins en moins souvent à Pont-Audemer. Deux jours, pas plus, et ensuite il repartait à Paris. Comme il savait que je le surveillais et que je lui faisais des réflexions, ça ne lui plaisait pas. Sylvie aussi lui faisait la morale. Mais une mère, c'est une mère, ça trouve toujours des excuses. Moi, je le piquais. Je lui disais : « Alexis, tu as vu comment tu es ? Tu ne ressembles plus à rien ! »

Je lui faisais mal pour essayer de le sensibiliser.

Paris,
Institut national du sport
de l'expertise et de la performance
mercredi 11 mars 2015,
Adriani

Pas facile de venir à l'Insep ce matin. Pas facile dans ces conditions. Mais nous devons le faire pour lui, pour sa mémoire, pour tous ses amis qui le pleurent depuis hier matin. J'ai comme une boule dans le ventre qui me déchire les entrailles, j'ai comme un étau autour de ma gorge complètement nouée, j'ai comme un océan de larmes dans les yeux. Et quand je regarde ma petite sœur et mon père à mes côtés, la douleur et l'envie de craquer deviennent trop fortes.

L'Institut national du sport, de l'expertise et de la performance, plus communément appelé Insep, c'est la terre des champions, l'endroit où l'élite du sport français acquiert les clés de sa réussite. Pérec, Galfione, Parker, Lamour, Douillet, Mauresmo, Riner, Tsonga sont passés ici, dans ce temple.

Alexis et moi y sommes depuis 2004, depuis notre sortie du pôle espoir de Vendôme. Seuls trois ou quatre d'entre nous, les boxeurs, avaient été choisis par la Fédération pour intégrer l'Insep.

Alexis était encore mineur lorsque nous sommes arrivés ici. Il logeait dans le bâtiment U. Moi, j'avais pris une chambre avec Kevin Piquet. Nous sommes restés deux ans ensemble. Quand il a quitté l'Insep et qu'Alexis est passé senior, il est venu habiter avec moi.

Nous partagions un petit studio. Les frangins. On nous appelait « les frères Vastine ». Nous sommes restés un an ensemble avant d'avoir chacun notre chambre. Ce n'était pas grand, mais il y avait tout ce qu'il fallait.

Mon voisin de chambre, c'était Teddy Riner. On se voyait souvent. Comme avec les autres judokas, les boxeurs bien sûr, mais aussi les lutteurs et les gymnastes. Au fur et à mesure, des amitiés étaient nées.

À l'Insep, le rythme était le même qu'à Vendôme. Cours le matin, premier entraînement avant la pause déjeuner, reprise des cours à 14 heures, et de nouveau entraînement le soir.

Ici, tu es conditionné pour suivre tes études et faire du sport. Il reste peu de place pour la fête. Voilà pourquoi nous avons eu une jeunesse différente de celle des autres. Nous avons fait beaucoup de concessions pour ce sport. Notre vie a été rythmée par la boxe. La mienne l'est depuis mon plus jeune âge et depuis douze ans que je suis ici.

Celle d'Alexis l'était aussi. Mais elle s'est arrêtée sur les terres argentines, loin du ring où il s'entraînait ici. Loin de ce ring où des dizaines de fleurs ont été posées ce matin par nos amis. Ce ring était le sien. Il montait dessus tous les jours. Ses pas, sa sueur, son esprit, son âme resteront à jamais ici, gravés sur ce ring qui désormais portera son nom.

Il a tellement laissé son empreinte dans cet établissement qu'il était logique qu'un hommage spontané lui soit rendu aujourd'hui. Alors même si c'est le cœur déchiré que sommes venus avec Cassie et mon père, nous nous asseyons au premier rang. Devant nous, il y a le portrait d'Alexis portant son turban noir. À sa gauche, la photo de Florence Arthaud, à sa droite, celle de Camille Muffat.

La grande halle Maigrot est pleine à craquer. Tous ses amis sont là. Tout le monde pleure. Beaucoup déposent une rose blanche au pied des trois portraits. On attend désormais Patrick Kanner, le ministre des Sports, Thierry Braillard, le secrétaire d'État chargé des Sports, Jean-Pierre de Vincenzi, directeur général de l'Insep, et Jean-Michel Brun, secrétaire général du CNOSF, le Comité national olympique et sportif français. Ils sont sur l'estrade, face à nous. Eux aussi sont visiblement émus de se trouver ici, dans de pareilles circonstances.

J'ose à peine lever la tête, j'ai peur de croiser le regard de quelqu'un, d'un ami qui me fera fondre en larmes. J'ai déjà assez de mal à me contenir, à côté de mon père, inconsolable. À chaque fois que quelqu'un vient lui apporter un peu de réconfort, c'est une torture de plus, des flots de larmes coulent sur son visage.

Quelques journalistes présents dans la salle m'interpellent, ils veulent que je leur dise un mot. Je n'en ai pas le courage. Je leur lâche juste : « Je voulais remercier tous les gens qui nous soutiennent, et je vous prierai de nous laisser nous recueillir en famille tranquillement. »

C'est trop dur !

Puis l'ami d'Alexis, son partenaire d'entraînement à l'Insep depuis dix ans, monte sur l'estrade. Je sais qu'il est lui aussi très affecté par la disparition de mon frère. C'est aussi mon ami. Abdelkader Bouhenia est submergé par l'émotion au moment de prendre la parole :

« Hey, Bradley, la famille du sport est toujours là pour te conseiller et t'écouter comme tu l'as toujours fait pour nous. Putain de Vietnam ! Tu as perdu une bataille mais pas la guerre. Tu as toujours été une valeur d'exemple et de réussite, tant sur le plan social que professionnel, mais surtout sportif.

Malgré tes médailles volées, tu nous as toujours fait rêver. Tu étais le plus talentueux de nous tous, tu nous as toujours montré la marche à suivre. Même si tu n'as jamais eu de chance dans la vie, tu as toujours gardé la tête haute avec ton sourire ravageur.

Tu étais toujours dans l'extrême, une des caractéristiques premières des grands champions, c'est-à-dire que quand tu aimais, c'était d'un amour entier. D'ailleurs tu ne manquais pas une occasion de nous le montrer. Travailleur, tu étais un acharné et parfois autodestructeur. C'est toutes ces choses-là qui font de toi la personne qu'on a aimée et qu'on a admirée.

Tu laisses derrière toi un grand vide dans nos cœurs, mais une légende ne s'oublie pas. Et on ne t'oubliera pas. Tu as traversé des moments extrêmement difficiles, mais tu as toujours réussi à remonter la pente. Ta force de caractère en est sûrement la raison. Tu ne cesseras de briller comme une étoile.

Tu as rejoint ta princesse Célie. À deux ce sera plus facile pour veiller sur ta famille et les gens que vous aimiez. Et comme tu le lui disais si bien, si on veut se revoir, il faut se quitter. Alors ce n'est pas un adieu mais un au revoir. On t'aime, Bradley. »

Les yeux me piquent en écoutant ce bel hommage. Abdelkader n'a pas oublié d'y associer Célie. Elle le mérite, elle qui aurait pu s'entraîner à l'Insep si elle l'avait voulu.

Avant la longue minute de silence, pesante, c'est le ministre des Sports, Patrick Kanner, qui a conclu la cérémonie par ces mots : « C'est un peu de la France qui s'en est allée en Argentine. La famille du sport est en deuil, notre pays est en deuil. Nous sommes lestés par la tristesse de voir partir trop tôt des visages qui nous sont chers et qui nous ont fait rêver. »

Cassie

J'avais besoin de venir ici, dans ce temple du sport. Pourtant, je n'ai jamais été une grande sportive. Je suis d'ailleurs la seule des cinq enfants ! Tous, de Cindy à Célie, ont été champions de quelque chose, pas moi. J'ai certes fait un peu de rugby, mais c'est tout. La boxe ne m'attirait pas. Je n'aime pas donner des coups et encore moins en prendre. Et puis j'ai eu assez de caractère pour dire non à mon père !

Mais aujourd'hui, je voulais être là. Alexis nous parlait si souvent de l'Insep. Et il fallait que j'accompagne mon père qui, lui, veut aller à toutes les cérémonies, à tous les hommages. Il en a besoin. Maman voulait aussi que je l'accompagne, que je ne le laisse pas aller seul en voiture à Paris. Il est encore bouleversé. À la moindre évocation, à la moindre image d'Alexis, il fond en larmes.

D'ailleurs, depuis que la cérémonie est terminée, il ne cesse de s'essuyer les yeux. Des dizaines de gens viennent le voir, le prennent dans leurs bras, parlent avec lui. De l'ex-ministre des Sports Valérie Fourneyron à David Douillet, ils ont tous un mot gentil. Les copains et copines d'Alexis viennent aussi. Tous celles et ceux qu'il côtoyait ici, à l'Insep. Tout le monde est sincèrement ému.

L'Insep, c'était la vie d'Alexis et c'est là où s'entraîne encore Adriani. Toutes les personnes présentes ont réellement connu mon frère, toutes ont partagé un peu de son quotidien. Beaucoup ont ri avec lui, d'autres ont aussi sué avec lui, certains ont dû prendre des coups. À voir leur attitude, je sais que tous les sportifs qui ont assisté à cette émouvante cérémonie étaient tristes et profondément choqués par sa disparition.

Alexis a passé tant d'années ici.

J'y suis venu voir mes frères quelques fois. La dernière, c'était il y a plusieurs années maintenant, lorsque Alexis avait été provisoirement viré de l'Insep. Il m'avait demandé de venir l'aider à vider sa chambre.

Nous l'avions fait en pleine nuit, le plus discrètement possible. Il ne voulait pas qu'on le voie partir, qu'on le voie quitter cette chambre qu'il occupait depuis son arrivée chez les seniors. C'était juste après son échec londonien.

Nous avions tout pris, ses fringues, ses chaussures, ses affaires de sport, ses disques, sa guitare dont il n'avait toujours pas appris à jouer. Elle trônait là, au-dessus de son lit, sur l'étagère. Elle restait dans sa housse. Il avait pour projet de s'y mettre. Au moins pour apprendre quelques notes et pouvoir chanter : « Ô la belle vie ! »

Pont-Audemer,
samedi 14 mars 2015,
Alain

Bientôt une semaine que notre fils a disparu. Pas une journée sans que nous soyons sollicités, sans que nos amis, notre famille nous appellent pour prendre de nos nouvelles. Mais que leur répondre ?

Non, nous n'allons pas bien.

Depuis deux mois, notre vie est un cauchemar. Depuis deux mois, c'est comme un cercle vicieux qui nous cerne et se resserre sur notre famille. Nous n'avons pas encore fait le deuil de Célie que le sort s'acharne de nouveau sur nous.

En deux mois, nous avons perdu deux enfants, dans des conditions dramatiques. Pour ne rien arranger, pour ajouter une couche à notre douleur déjà si pesante, c'est aujourd'hui que toute l'équipe de l'émission rentre d'Argentine. Toute l'équipe – sauf le corps de notre fils et ceux des autres victimes –, est attendue à l'aéroport Roissy-Charles-de-Gaulle.

À ce sujet, c'est silence radio.

Pourtant mercredi, lorsque nous étions à l'Insep, la conseillère à la Jeunesse et au Sport du président de la République m'est tombée dans les bras et m'a affirmé que si nous voulions partir rapidement en Argentine, elle ferait tout le nécessaire et que ça irait vite. Elle avait aussitôt donné sa carte de visite à Cassie en notant dessus son numéro de portable. Depuis, ma fille ne cesse de tenter de la joindre, mais elle ne répond jamais. Elle s'est contentée d'envoyer un SMS à Cassie disant que, finalement, elle transmettait notre demande à quelqu'un d'autre.

Pour le reste, rien. Nous ne savons pas encore quand nous allons récupérer le corps d'Alexis. S'il y a quelque chose à récupérer. C'est une vision d'horreur qui hante mes nuits. Que reste-t-il de mon fils ? Avec ce brasier, l'intervention tardive des secours, il ne doit plus rester que…

Je préfère ne pas imaginer. Ce que j'attends surtout, c'est qu'on nous dise ! Qu'on nous mette au courant de ce qui va se passer dans les prochains jours.

En revanche, quand on allume la radio ou la télé, on y parle que de cela. L'enquête par-ci, l'enquête par-là. On entend les gens sur place, ceux qui ont été témoins de la collision, ceux qui ont tenté de secourir les victimes. On prend en pleine figure des images horribles, difficilement supportables. Celles des carcasses des deux appareils, celles du choc, décryptées par tous les experts. Les policiers, les juges argentins qui s'expriment sur l'enquête en cours.

Et puis les rescapés qui commencent à parler. Le nageur Alain Bernard qui explique qu'il a entendu le bruit des hélices percutant quelque chose, l'ex-patineur Philippe Candeloro qui, les larmes aux yeux, pense à ceux qui étaient avec eux dans cette aventure, ce jeu où tout le monde se croyait en sécurité. Ce direct du présentateur du jeu au journal de TF1, un duplex devant les hélicoptères calcinés. C'était trop. Trop horrible.

Comment a-t-on pu nous infliger cela ? Montrer au monde entier l'endroit où notre fils est mort dans des circonstances tragiques. Expliquer dans le détail comment il a disparu. Quels ont été ses derniers instants. Il nous faut encaisser les propos de gens que nous ne connaissons pas et qui sont peinés pour nous, qui pleurent autant que nous à l'évocation du nom d'Alexis. Ne pense-t-on jamais à protéger les familles des victimes dans de pareilles circonstances ? Je ne souhaite à personne de subir ce qu'on nous fait subir depuis quelques jours.

Et aujourd'hui, de savoir que tout le monde rentre en France sauf ceux qui y sont restés, cela me fait mal.

Depuis cinq jours, j'ai la rage ! J'ai la rage quand j'entends certains prétendus amis de mon fils témoigner de leur tristesse, de ce grand vide qu'il va laisser derrière lui. Mercredi à l'Insep, j'ai vu en grande majorité des gens sincères, là, certains me donnent envie de vomir. Qui sont-ils pour s'exprimer ainsi ? Étaient-ils présents pour Alexis quand il était au fond du trou ? Étaient-ils présents quand il a décidé de prendre le taureau par les cornes pour se remettre dans le droit chemin ? Non !

Nous, sa famille, ses proches et de trop rares personnes, nous étions là.

Se sortir de l'enfer, Alexis l'a fait, en plusieurs étapes. Au tout début de sa période noire, Kevin Rabaud, désormais directeur technique national, me téléphonait pour me prévenir qu'Alexis ne venait plus aux entraînements, qu'il faisait le con. Alors, je l'appelais et je lui disais : « Alors Alexis, qu'est-ce qui t'arrive ? Tu es capable d'être champion olympique, tu as tout pour toi, essaie de te ressaisir. »

Au fond de moi, je pensais que quelqu'un nous voulait du mal. Je me posais beaucoup de questions. C'est pour ça qu'à cette époque j'allais brûler des cierges à l'église. Je priais pour mon fils, pour qu'il redevienne le vrai Alexis, le battant, le gagnant. Mais au bout d'un certain temps j'ai arrêté, je ne croyais plus en Dieu. Je me disais que s'il existait vraiment, il ne laisserait pas mon fils plonger comme ça.

Alexis était influençable. Il aimait trop la vie. Il aimait Paris.

Je n'avais plus d'influence sur lui, il ne m'écoutait plus, il faisait ce qu'il voulait.

J'étais blessé, il me faisait du mal. Parce que s'il avait été un champion, s'il avait obtenu tous ces titres, je faisais un peu partie de sa réussite. J'avais toujours été là pour lui. Alors je ruminais, dans mon coin, impatient.

Puis, un jour, alors qu'avec Sylvie nous avions jeté l'éponge, que nous avions renoncé à lui dire quoi que ce soit, il s'est décidé à nous parler. Pas de vive voix, mais au téléphone. Ce jour-là, j'ai senti qu'il y avait eu un déclic, qu'il voulait nous annoncer quelque chose d'important.

« Papa, je vais reprendre la boxe. »

En entendant ces mots, je me suis mis à pleurer, j'étais tellement heureux, tellement soulagé que tout cela cesse. Alexis nous a expliqué qu'il ne supportait plus de nous faire du mal. Il s'était aussi rendu compte que beaucoup de gens avait confiance en lui, croyait en lui. Il ne voulait pas les décevoir.

Son mal-être, il l'avait aussi exposé à une heure de grande écoute, à la télé, sur le plateau de Thierry Ardisson. Il y était apparu gros, barbu, bouffi. Il avait parlé de ses idées noires, de suicide, du mal qu'il avait fait autour de lui. Surtout, il avait promis qu'il allait redevenir celui qu'il était avant.

C'est à partir de ce moment qu'il a décidé de repartir sur de meilleures bases. Et comme la fédération avait changé de dirigeants, il a repris l'entraînement.

Sa descente aux enfers a duré près d'un an.

Pendant un an, j'ai cru avoir perdu mon fils.

Pendant un an, nous n'avons presque plus eu de contact.

Pendant un an, il a été au plus bas.

Il était vraiment au fond du trou. Remonter comme il l'a fait, il fallait y arriver !

Dans sa reconstruction, il lui fallait franchir une nouvelle étape. Alors peu de temps après, début janvier 2014, il est parti au Creps (Centre de ressources, d'expertise et de performance sportive) de Bourges. Ça lui a fait du bien d'y aller. Là-bas, il n'y avait personne pour le détourner du droit chemin, pour le soumettre aux tentations. Il était seul. Le soir, il ne sortait pas, il restait tranquille, dans son cocon.

Lors de cette cure pour redevenir un athlète, il en a bavé. Il venait juste de se faire opérer du coude droit. Mais il voulait retrouver son poids et sa forme, aussi bien physique que mentale. Pour cela, il avait demandé l'aide de l'entraîneur Thierry Gautier, le préparateur physique qu'il avait connu plus jeune au Pôle France de Vendôme et qui officiait désormais à Bourges.

Quand il est arrivé au Creps, Alexis pesait quatre-vingt-deux kilos. Alors il a transpiré, sué, souffert, hurlé, craché. Il s'est purgé. Il menait un combat contre lui-même. Il était tombé si bas qu'il voulait souffrir seul. Et sans qu'on le juge, sans qu'on l'espionne.

À l'époque, dans une interview qu'il avait accordée à quelques journalistes venus le rencontrer dans sa retraite, il avait expliqué qu'il s'était astreint à un régime très strict pour revenir à son poids de forme et que, progressivement, il remettait ses idées en place, en « désintox », loin de sa vie nocturne agitée et de ses idées noires. « Au Creps, j'ai définitivement enterré l'Alexis qui emmerdait tout le monde. Je veux m'ouvrir aux autres. Penser ring, bien sûr, mais aussi guitare, théâtre, mode... Parce que j'ai été trop pénible durant cette période, certains proches se sont écartés de moi. Une personne en particulier, à laquelle je tenais énormément. »

Alexis avait été très affecté par sa séparation avec Alexia. Ils s'étaient connus à l'Insep et étaient restés ensemble pendant huit ans. Ils s'entendaient si bien ! Ses déboires sentimentaux s'ajoutaient à son gros blues, et Sylvie avait tout tenté pour l'aider à remonter la pente. Mais il avait accusé le coup. Même les mots de réconfort de sa mère n'avaient pas suffi.

Sept semaines après son arrivée au Creps, Alexis pesait douze kilos de moins, retrouvant son poids de forme de soixante et onze kilos. Il était redevenu Alexis. Sa planche de salut, c'est à Bourges qu'il l'a trouvée, dans l'isolement, dans les cordes du ring, dans les sacs de frappe, avec les médecine-balls, avec le soutien inconditionnel et les conseils de Thierry Gautier. C'est là-bas, en salle de musculation, dans sa chambre, seul, avec ses livres, ses pensées, ses remords et son envie de s'en sortir, qu'il a mis fin à sa vie de gros barbu irascible pour redevenir le mince jeune homme glabre et souriant qu'il avait été.

Kevin Rabaud, qui était venu lui rendre visite et lui apporter le soutien de la Fédération, ne l'a pas laissé souffler longtemps. Comme il disait, « la boxe française ne peut se passer d'Alexis ». Alors mon fils est retourné à l'Insep pour des entraînements plus poussés sous la direction de Mariano Gonzáles. Pas longtemps, cinq jours à peine avant de partir pour l'est de la France, terre de son retour à la compétition après dix-huit mois d'errance. Rendez-vous était donné à l'équipe de France à Villerupt pour une confrontation avec l'Italie. Alexis n'avait plus boxé depuis le gala de Pont-Audemer du 17 mai 2013.

Au programme, huit combats, et dans la catégorie des moins de 69 kilos, Alexis devait affronter l'Italien Alfonso Di Russo, élu meilleur boxeur italien en 2012 et victorieux des Gants d'or. Ce soir-là, mon fils a pris tous les risques. Il voulait montrer à ceux qui lui avaient tendu la main qu'il était capable de bien faire. Alors il a boxé, maladroitement, fébrilement, et dès le premier round il a été touché au menton. Mais plus que tout, il a été touché dans son orgueil. Il ne voulait pas décevoir. Alors il en a pris plein la gueule, mais il n'a rien lâché, et grâce à son expérience il s'est repris et a offert au public un véritable festival technique pour finalement l'emporter 2 à 1.

Alexis avait réussi son retour. À l'énoncé du résultat, il a levé le doigt au ciel et fait un petit tour sur lui-même. Il savourait.

La semaine suivante, il s'est envolé pour Aïn Draham, en Tunisie. Avec Adriani, ils devaient y participer à un stage préparatoire au championnat du monde militaire. Là-bas, il a pu se mesurer à des boxeurs algériens et tunisiens, eux aussi en préparation. Quinze jours plus tard, il était de retour à la maison et a remis les gants pour le gala de boxe annuel de Pont-Audemer.

Il savait qu'il serait attendu, surtout que beaucoup ici avaient eu connaissance de ses déboires. Mais c'est tout sourire qu'il est entré en scène. Heureux de remettre les gants devant ses fans, heureux parce que, quelques minutes plus tôt, Cindy avait disposé d'une petite jeune, la Rouennaise Ophélie Leblond. Alexis n'avait plus qu'à rendre la fête plus belle. Ce qu'il fit en battant largement l'Ardennais Aymeric Huart qui, à la fin du combat, est venu voir mon fils pour lui dire que ç'avait été un honneur de boxer contre lui.

Bref, c'est regonflé à bloc qu'à la fin mai de cette année 2014, nous nous sommes envolés pour Almaty, au Kazakhstan. Je dis « nous » car, pour une fois, j'avais décidé de l'accompagner dans sa quête d'un nouveau titre mondial militaire. Adriani étant forfait, il n'avait malheureusement pu venir alors qu'il était en lice. À la mi-mai, lors de sa victoire sur le Bélarusse Miliusha à Berck, il s'était blessé à la tête et avait été conduit à l'hôpital où il avait passé la nuit.

Même si j'aurais préféré être aux côtés de mes deux fils, j'étais très heureux d'être avec Alexis. C'est Mariano qui le coachait, mais il aimait avoir mon avis, croiser mon regard. Surtout dans ses moments de doute, encore trop nombreux. Mariano avait beau le conseiller, le piquer au vif, lui assurer que tout allait bien, que son mental et son physique suivraient, Alexis restait fragile.

Il a d'abord fallu qu'il perde trois kilos en une journée pour tomber à soixante-neuf kilos et passer la pesée. Ce jour-là, il a tout donné pour transpirer et éliminer, enchaînant les entraînements, la course à pied, les bains, la musculation. Premier combat gagné. La balance ne l'a pas recalé.

Puis, au fil des matchs – un premier combat difficile contre un Algérien et un plus facile face à un Sri-Lankais –, il s'est affirmé. Il était satisfait du résultat mais pas de la manière. Alexis n'était jamais content de lui. Il se remettait tout le temps en question : « Non, j'ai manqué de ça… Je n'ai plus de physique… J'ai un temps de retard… » Il y avait toujours quelque chose. Mais après tout, c'est la marque des grands champions.

Quant à moi, pendant les combats, j'étais intenable. Assis sur ma chaise, au bord du ring, je mimais tous les gestes de mon fils. J'esquivais, je donnais les coups comme si j'étais à sa place. Dès qu'il revenait dans son coin, il regardait où j'étais pour croiser mon regard, chercher une solution, avoir une confirmation que ce qu'il faisait, c'était bien.

L'Algérien l'avait fait douter, le Sri-Lankais lui avait redonné confiance, mais il restait le Russe et le Kazakh. Il est tombé sur le Kazakh, Sagadat Rakhmankulov, en demi-finale. Et là, il a fait le combat parfait. Ce jour-là, je me rappelle avoir songé : « Alexis, c'est un monsieur ! »

À l'annonce de la décision, à la fin du combat, il a embrassé son entraîneur, puis il m'a pris dans ses bras. Il m'a serré fort, très fort. Ça, c'est un souvenir qui me restera toute ma vie. Il m'avait déjà serré dans ses bras, mais jamais aussi fort. Je voyais bien qu'il était heureux ! Je sentais que mon gamin avait retrouvé l'envie, l'envie de bien faire, l'envie d'avoir des résultats… Et tous les Français présents au Kazakhstan ou qui me téléphonaient me demandaient : « Alors Alexis, c'est reparti ? Ça y est, c'est reparti ? »

Oui, c'était reparti. Et plus incroyable encore, il était en finale ! Une finale qu'il attendait, face au Russe expérimenté Alexander Alexandrovitch Besputin, champion d'Europe à Minsk en 2013.

Un cogneur. Il avait expédié tous ses concurrents lors des tours précédents. Il avait aussi beaucoup épié Alexis pour tenter de le déstabiliser. Il boxait court et était beaucoup plus petit qu'Alexis. J'ai pensé que mon Alex allait avoir des difficultés.

Mais en ce mardi 3 juin 2014, le Russe ne s'est pas présenté à la pesée. La veille, lors de sa demi-finale, il s'était blessé aux mains en tapant trop fort. Les juges sont donc venus nous annoncer qu'Alexis était champion du monde ! J'aurais préféré qu'il boxe, qu'il batte ce Russe, mais nous étions tellement heureux. Alexis avait rempli son contrat. Pour la troisième fois de sa carrière, il venait d'être sacré champion du monde militaire. Il m'a alors à nouveau pris dans ses bras et m'a glissé à l'oreille : « Merci, papa ! »

Le brigadier-chef Alexis Vastine pouvait monter sur la plus haute marche du podium. En tenue militaire, il a fièrement levé la tête vers le drapeau tricolore et chanté *La Marseillaise*. Il était fier. J'étais fier.

J'étais aussi en pleine euphorie. À notre retour, j'avais déjà programmé la suite de son parcours : « Alexis, il faut penser aux Jeux de Rio ! »

Il y avait d'abord, dans les mois à venir, la préparation pour les Jeux européens, un stage à Cuba avec moi et un autre avec l'équipe de France. Il devait aussi préparer les Jeux mondiaux militaires en Corée, puis les Jeux olympiques de 2016.

Tout était programmé.

J'avais pris les billets pour Cuba, nous devions y aller à son retour d'Argentine.

Aéroport Roissy-Charles-de-Gaulle,
dimanche 22 mars 2015,
Sylvie

Bientôt deux semaines que notre fils a disparu. Heureusement que notre famille est là, bien présente, que nos enfants nous soutiennent. C'est tellement dur. Je ne dors plus. J'avais déjà perdu le sommeil à la mort de Célie. Là, c'est pire. Mes yeux ne se ferment pas avant 3 ou 4 heures du matin. Je somnole, mais je n'arrive pas à me reposer. Mon esprit est sans cesse avec eux, mes deux amours.

J'ai aussi perdu l'appétit. Je ne parviens plus à manger. Dès que j'avale quelque chose, ça me brûle l'estomac. J'avais déjà perdu près de dix kilos ces deux derniers mois, les choses ne vont pas s'arranger… Pourtant il faut que je remonte la pente, que j'affronte la réalité. Mais elle est cruelle, sans pitié, sans répit.

Je pense à tout cela la nuit, quand la maison est calme et que je ne dors pas. Je reste allongée sur le canapé, seule avec mes pensées. Je ne cesse de regarder les photos de Célie et d'Alexis. À côté de moi, il y a la mascotte d'Alexis, sa petite peluche kangourou avec des gants de boxe. Il l'emmenait tout le temps avec lui lorsqu'il allait combattre. Elle lui portait chance.

Je la lui avais achetée sur une foire à tout à Pont-Audemer. Cinq francs à l'époque. J'avais trouvé ça marrant. Il était jeune, il avait quinze ans à peine. Lors d'un week-end où il était rentré de Vendôme, je la lui avais offerte et lui avais dit : « Tiens, ce sera ta mascotte. » Mais j'avais dit ça en rigolant. Je ne pensais pas qu'elle le suivrait partout. Partout, dans les petites compétitions à droite à gauche, dans les clubs, il l'emmenait dans toute la France. Il la rangeait toujours en dernier dans son sac, après l'avoir embrassée. C'était son porte-bonheur. S'il l'oubliait, qu'il ne l'avait pas avec lui, il avait comme un mauvais pressentiment. Il ne l'a pas emmenée en Argentine.

C'est aujourd'hui qu'on rapatrie son corps !

Alain

Nous venons d'arriver à l'aéroport Charles-de-Gaulle. Terminal 3. C'est là que le cercueil d'Alexis doit nous être remis. La société de production est venue nous chercher pour nous conduire jusqu'ici. Le voyage depuis la Normandie a été long. Nous appréhendons. Quelle nouvelle épreuve nous attend ? D'autant que depuis quelques jours, le climat est tendu entre la chaîne de télévision, la société de production et les familles des victimes.

Le premier à être monté au créneau, c'est le frère de Florence Arthaud, ancien pilote d'hélicoptère. Interrogé il y a deux jours par des journalistes, il a dénoncé les conditions de sécurité lors du tournage en Argentine, affirmant qu'une vidéo amateur montrait que les hélicoptères avaient décollé quasiment simultanément, alors que les règles de sécurité imposent normalement de les faire décoller l'un après l'autre. Selon lui, il y a eu une course à l'image, une excitation, une urgence à prendre le plus d'images possible.

L'enquête ouverte sur place devrait, je l'espère, nous apporter des réponses. Deux enquêteurs techniques du Bureau d'enquêtes et d'analyses mènent en effet depuis mardi dernier des investigations techniques sur le lieu du crash. Mais ça, nous l'apprenons par les médias ou par notre avocat. Car la société de production et la direction de la chaîne ne sont pas très disertes sur ce sujet dès qu'on leur pose des questions.

Seule certitude, cruelle, le corps de notre fils arrive ce dimanche 22 mars à 11 heures dans la chapelle ardente installée dans une salle du terminal 3.

Et nous y sommes.

Dehors, il y a des journalistes partout. Ils sont montés sur les buttes avec leurs caméras, leurs appareils photo. Il y a aussi des CRS partout.

Le minibus aux vitres noires qui nous a pris en charge ce matin se gare à l'abri des regards, pour nous protéger. On nous fait entrer dans une petite salle derrière le terminal. Il y a du monde, beaucoup de monde à l'intérieur. Tous habillés en noir. Il doit s'agir des familles des autres victimes. Car aujourd'hui, ce sont les corps de toutes les victimes qui arrivent à Paris. Il doit aussi y avoir des personnalités, des représentants du gouvernement car, dans cette prétendue intimité, beaucoup de gens sont en costume, l'oreillette connectée.

J'ai peur. J'ai mal au ventre. Je tremble.

J'ai à la fois hâte de récupérer mon fils et peur de me retrouver face à son cercueil.

Des craintes vite confirmées. On vient d'apprendre que l'avion a atterri depuis plusieurs minutes, que les corps sont arrivés. Ils se trouvent dans une pièce, une pièce plus grande.

C'est l'heure.

En fait, il s'agit de la pièce juste à côté. La porte s'ouvre, nous entrons, fébrilement. J'avance tête baissée, comme pour refuser l'évidence, le moment fatidique. Pourtant les cercueils sont là, devant nous, alignés. Ça fait mal !

Tout le monde pleure. J'entends aussi des cris. Je me retiens. Une personne du protocole nous demande de venir. Je prends Sylvie par la taille, nous la suivons.

C'est le cercueil d'Alexis.

Il y a des chaises installées devant.

Je ne peux pas m'asseoir. Il faut que je m'approche. Je veux toucher ce cercueil. Je veux l'embrasser. Je veux parler à mon fils.

Il faut que je sache.

Alexis est resté plusieurs heures dans la carcasse en feu de l'hélicoptère. Il devait faire plus de mille degrés. À voir les images qui tournent en boucle depuis bientôt quinze jours, il ne reste rien de l'appareil. Il ne doit plus rien rester de mon fils.

Alors, discrètement, je soulève le cercueil. Il ne pèse rien. Juste le poids du bois argentin.

Je fonds en larme, il ne reste plus rien de mon gamin. Que des cendres !

En relevant la tête, je m'aperçois que les autres familles font la même chose que moi. Elles devaient avoir cette même appréhension. En voyant cela, je me dirige vers les autres cercueils. Un à un, je les embrasse, comme celui de mon fils. Ils ont vécu la même chose.

Dans ma tête, j'ai cette vidéo de l'accident, ces deux hélicoptères qui se télescopent. J'espère qu'il ne s'est pas vu mourir, j'espère qu'il n'a pas souffert. J'aurais voulu le voir avant qu'ils referment le cercueil en Argentine. J'ai besoin de savoir. Je l'imagine. Il y a quelques années, j'ai vu des animaux brûler, ce n'était pas beau à voir. Là, ça doit être pire car je viens une fois de plus de soulever son cercueil. J'en suis sûr maintenant, il n'y a rien à l'intérieur.

Que son âme. Et encore. Peut-être est-elle restée là-bas, en Argentine.

C'est pire que tout. De ne pas savoir. Pire que tout.

Lorsque Célie est décédée, nous avions son corps. Mais là, qui nous dit que ce sont les cendres d'Alexis à l'intérieur du cercueil. Et qu'y a-t-il à l'intérieur ?

Cette question me fait frémir et me transporte deux mois plus tôt, devant la dépouille de ma fille.

Deux enfants en deux mois.

Ce jour-là, c'était aussi un dimanche.

Il était à peine un peu plus de 8 heures, je revenais de la salle de musculation et j'allais boire mon café, au Café de Paris, à Pont-Audemer. C'est là que j'ai reçu un coup de téléphone de Cindy qui me disait de venir vite, que les gendarmes étaient chez elle, que Célie avait eu un accident.

J'ai pris ma voiture et j'ai foncé. En route j'ai prié. J'ai prié sainte Thérèse.

En arrivant chez Cindy, les gendarmes étaient effectivement là. Comme Sylvie travaillait de nuit et que je n'étais pas à la maison, ils étaient venus chez ma fille.

Je revois encore Célie sortir de la salle de bains la veille au soir. Je me revois lui demander où elle allait, avec qui elle sortait.

C'est la dernière fois que j'ai vu ma fille vivante.

On ne se parlait pas beaucoup avec Célie, mais j'étais content de la savoir à Paris désormais, elle s'y plaisait, et elle logeait chez Adriani. J'étais aussi content de savoir qu'elle avait repris la boxe au club de Saint-Maur.

J'étais content que ça aille mieux.

Maintenant, je souhaite qu'elle soit heureuse là-haut. Et moi, je m'en veux. Je m'en veux énormément de ne pas avoir été assez paternel avec elle, de n'avoir été que le vilain papa qui gronde, que le méchant papa qui veut que sa fille fasse de la boxe, qu'elle devienne une championne, qu'elle fasse honneur au nom Vastine.

Qu'est-ce que j'ai été con !

Alors je repense à elle, ce dernier soir. J'étais en haut, à l'étage. Je la vois sortir, j'aurais dû la serrer dans mes bras, j'aurais dû lui dire que je l'aimais.

Car les gendarmes n'avaient plus de doute. C'était bien elle qu'on avait retrouvée dans la carcasse d'une 206 sur la route, à la sortie de Deauville.

J'entends encore le gendarme me demander si ma fille avait un tatouage.

« Quelle sorte de tatouage ? », ai-je demandé.

Une croix.

C'était ma fille.

Il a ensuite fallu que je prévienne Sylvie, qui travaillait à l'usine. Lorsqu'elle m'a vu arriver au bras de Cindy, elle a tout de suite compris. Et elle s'est écroulée par terre, sur la pelouse. Elle hurlait, elle se tirait les cheveux. Les gendarmes qui nous avaient accompagnés tentaient de la calmer. Rien n'y faisait.

Ils nous ont reconduits chez Cindy, afin que je récupère ma voiture. Là, ils m'ont demandé si j'étais capable de conduire. J'ai dit oui. Alors nous avons pris la direction de Deauville où nous attendait Philippe, mon copain gendarme. Je me souviens bien de ce court voyage jusqu'à Deauville. Je me posais un tas de questions, je me demandais comment s'était produit l'accident, dans quel état j'allais retrouver ma fille. Et je repensais à son dernier regard pour moi, la veille au soir.

Lorsque nous sommes arrivés à la morgue, Philippe était déjà là. Il tenait à m'accompagner dans cette difficile épreuve. Il m'a expliqué que l'accident s'était produit à la sortie de Deauville, près de la voie de chemin de fer. L'ami de ma fille devait rouler trop vite, il avait perdu le contrôle de sa 206 et avait percuté une 207 qui arrivait en face. Célie était morte sur le coup.

Plus tard, les analyses ont révélé que le copain de ma fille avait 1,5 gramme d'alcool dans le sang, qu'il avait consommé des stupéfiants et qu'il roulait sans permis depuis octobre 2014 – il lui avait été retiré pour conduite sous l'effet de stupéfiants. Mais lui n'avait eu que quelques blessures.

Ce samedi soir, ils avaient fait la fête à Pont-Audemer. Puis, peu après minuit, Célie aurait lancé à tous ceux qui étaient là : « Vous venez, on va tous à Deauville ! » Ce type lui aurait dit « Je t'emmène ! », les autres n'avaient pas voulu.

On connaît la suite. Boîte de nuit, sortie de boîte de nuit, 6 heures du matin. Les gendarmes ont retrouvé une bouteille de rhum vide dans la carcasse éventrée de la voiture. J'espère que ma fille n'a rien vu venir, j'espère qu'elle dormait au moment du choc.

Car le choc avait été terrible. Quand j'ai vu le corps de ma fille à la morgue, je l'ai compris.

Je me souviens avoir attendu jusqu'à ce qu'une porte s'ouvre et qu'un homme m'annonce : « Vous pouvez entrer voir le corps. » Là, je suis tombé à terre. J'ai vomi. Tout de suite, j'ai dit à Sylvie et Cindy de ne pas entrer, de ne pas regarder. Je ne voulais pas qu'elles voient Célie dans cet état. Moi, je l'ai attrapée, je l'ai serrée fort, très fort. Mais elle n'était plus là, il n'y avait plus que son enveloppe charnelle, je ne sentais plus rien, il n'y avait plus rien. Pendant de longues minutes, j'ai hurlé ma peine, j'entrais, je ressortais. Je l'embrassais à nouveau.

Son corps était froid, mais il était là.

Son corps ne bougeait plus, mais ma Célie était là, devant moi.

Aujourd'hui, Alexis n'est pas là, lui. Je ne le vois pas, je ne peux pas le toucher ni l'embrasser une dernière fois.

Pont-Audemer,
mercredi 25 mars 2015,
Cassie

Une société de pompes funèbres émue par le drame qui nous touche m'a contactée pour organiser gratuitement les obsèques d'Alexis qui vont se dérouler cet après-midi. Mais entre-temps, la société de production de l'émission m'a téléphoné pour nous informer qu'elle prenait tout à sa charge.

Le corps de mon frère a donc été rapatrié dimanche soir à la maison funéraire de Pont-Audemer, à l'issue de la cérémonie qui a eu lieu à l'aéroport. Depuis deux jours, nous allons régulièrement nous recueillir auprès de son cercueil, ce que nous n'avions pas pu faire pour Célie, sa dépouille se trouvant à l'Institut médico-légal de Caen en raison de l'enquête qui avait fait suite à l'accident. Là, à l'abri des regards, nous prenons le temps de penser à lui. Seuls la famille et ses amis proches sont autorisés à venir.

Son cercueil n'est pas d'une grande qualité, mais nous n'avons pas eu le choix. Il vient d'Argentine. Il est simple, en bois. Alexis aimait les choses simples. Finalement, cela convient. Une petite plaque en métal est vissée sur le couvercle, au-dessus d'un Christ crucifié. Une plaque sur laquelle il a été grossièrement gravé « Vastine Alexis Alain – 17 noviembre 1986 – 9 marzo 2015 ». C'est tellement artisanal que ce n'est pas droit. Je suis certaine que cela a été fait à la main, avec un clou ou une pointe.

Mais ce qui nous choque le plus, c'est que le cercueil n'est pas correctement fermé. Il n'y a que deux vis situées aux deux extrémités. Rien de plus ! Certes un scellé a été posé, mais nous pouvons soulever le couvercle de près d'un centimètre. Pas question toutefois de regarder à l'intérieur. Depuis que mon père a soulevé le cercueil lors de la cérémonie, je n'en dors plus. Pourquoi a-t-il fait cela ? Moi, je ne veux pas savoir. Je veux juste penser à Alexis, me dire qu'il est là, qu'il veillera sur nous, qu'il va rejoindre Célie, sa princesse.

Je me rappelle encore le matin où nous lui avons annoncé qu'elle était morte. Ce week-end-là, il se trouvait à Fréjus, chez son ami Benjamin Darbelet. C'est maman qui l'avait appelé. Il hurlait tellement fort que j'entendais tout ce qu'il disait. Nous avions eu toutes les peines du monde à prévenir Adriani qui était pourtant chez lui, à Champigny. Il s'était levé tard et nous avait rappelés en découvrant les dizaines de messages laissés sur son téléphone.

Heureusement que nous avions pu les joindre à temps, car ce matin-là la mort de Célie a rapidement été annoncée par la presse. Je n'aurais pas aimé qu'ils l'apprennent ainsi.

Je savais qu'un jour il arriverait un malheur à ma sœur. Quand je la voyais faire la fête, j'avais tellement peur qu'il lui arrive quelque chose. Et puis il s'est passé ce qui s'est passé et aujourd'hui, à l'issue de la cérémonie, nous allons lui confier son grand frère.

Mais avant que nous le quittions définitivement, nous avons pris le temps de soulever délicatement le couvercle de son cercueil afin de glisser dedans des photos de nous, des petits mots. Sur le mien, j'ai simplement écrit : « Je t'aime ».

Église de Pont-Audemer,
mercredi 25 mars 2015,
Sylvie

« Ô la belle vie, sans amour, sans soucis, sans problème… »

Ces paroles, Alexis les chantait tout le temps.

« Hum la belle vie, on est seul, on est libre et l'on s'aime… »

Aujourd'hui, ce n'est pas lui qui chante, c'est Sacha Distel dont la voix résonne dans l'église. On voulait absolument que la cérémonie débute avec cette chanson.

« On s'amuse à passer avec tous ses copains des nuits blanches qui se penchent sur les petits matins… »

Cette chanson symbolise tellement mon fils. Combien de fois l'ai-je entendu entonner ce refrain…

« Mais la belle vie, sans amour, sans soucis, sans problème… »

C'est trop difficile pour moi d'entendre cela aujourd'hui.

« Oui la belle vie, on s'enlace, on est triste et l'on traîne… »

Mais cela me rapproche tellement de lui.

« Alors, pense que moi je t'aime et quand tu auras compris, réveille-toi, je serai là pour toi. »

Mais non, il ne sera plus là. Son sourire me manquera, sa présence me manquera, sa voix me manquera.

Je ne frémirai plus de joie à l'idée qu'il rentre à la maison pour le week-end, que l'on parle du bon vieux temps, de son enfance, de Mamie Cocotte.

Je ne l'appellerai plus avant ses combats.

Je ne lui ferai plus ses bons petits plats préférés que je lui préparais lorsqu'il n'était pas en compétition ou en plein régime. Il m'appelait, et me disait juste : « Maman, j'arrive demain. » Alors j'allais acheter tout ce qu'il fallait pour concocter les repas qu'il aimait, la ratatouille, le bœuf bourguignon, le pot-au-feu…

Il venait nous voir le week-end pour se ressourcer, il ne viendra plus.

Il rentrait assez souvent depuis la disparition de Célie. Il venait me réconforter. Perdre sa sœur avait été un énorme choc pour lui, mais depuis deux mois il voulait se battre pour elle. La mort de Célie l'avait fait changer, d'une façon positive. Il voulait se relever plus encore et se faisait un point d'honneur de continuer à gagner pour elle, de vouloir aller aux JO de Rio pour elle.

Depuis deux mois, il me parlait souvent d'elle.

Moi, j'étais effondrée d'avoir perdu ma Célie.

Aujourd'hui, il n'y a pas de mot plus fort qu'« effondré » pour décrire mon état.

Je revis le même cauchemar. J'ai perdu deux de mes enfants, en deux mois. Je viens de perdre deux de mes enfants alors que, depuis leur plus jeune âge, j'ai tout fait pour les préserver. Depuis qu'ils sont nés, j'ai toujours vécu dans la peur. J'ai toujours été angoissée à l'idée qu'il pourrait leur arriver quelque chose.

Et voilà que je réalise qu'on ne peut rien faire contre ce qui s'est passé. Je ne me sens pas responsable de leur mort, car pour Célie comme pour Alexis il s'agit d'un accident brutal. Je ne suis pas responsable, mais je me dis que ça n'a servi à rien de les protéger et de vivre toutes ces années dans la crainte.

Et puis Alexis était si heureux d'aller en Argentine. À son retour, avant de reprendre les stages de préparation, il voulait m'offrir des vacances, pour me changer les idées, pour que j'aille mieux.

C'était la veille de son départ ! Il m'avait demandé : « Maman, t'aimerais pas aller au ski ? » C'était sa manière de me dire qu'il m'offrait un voyage.

Je lui ai répondu : « Écoute, fais ton jeu, on verra après. »

Je ne partirai pas en vacances avec mon fils.

Alain

Porté par ses amis lutteurs de l'Insep, Steeve Guénot, Franck Hassli, par ses frères d'armes du 121e régiment du train, les sergents Puyzillou et Kowalski, et par Gilles et Roger, mes deux frères, le cercueil est entré dans l'église. Il vient d'être déposé devant l'autel, juste à notre droite. Il est recouvert d'un drapeau tricolore, son képi et ses décorations sont posés dessus. Devant, sa photo. À gauche, celle de Célie, et ses gants de boxe bleus. Et Cindy a posé une grosse bougie à l'effigie de Célie, non loin.

À ce moment, deux pigeons s'envolent dans la nef. Ils s'envolent vers le ciel. C'est un signe. Comme si Célie et Alexis se rejoignaient.

Il y a deux mois, Alexis avait prononcé des mots poignants devant le cercueil de sa sœur. Il avait trouvé les mots justes pour rendre hommage à sa princesse. Une phrase me revient aujourd'hui, car nous pourrions la dire pour lui : « Le bleu de tes yeux ira bien avec le bleu du ciel. »

Car aujourd'hui, c'est lui qui est là, devant nous et des centaines de gens qui ont répondu présent. Outre le secrétaire d'État aux Sports Thierry Braillard et quelques personnalités politiques locales, une bonne partie des sportifs de l'Insep est là. Ils ont tous revêtu le survêtement de l'équipe de France. Il y a aussi de nombreux militaires en tenue. Toute notre famille, nos amis. Thierry, mon copain de Rodez. Il a toujours été là, « Nounours » ! Lui qui m'avait accompagné à la maternité pour la naissance d'Alexis, il est là aujourd'hui, près de moi, pour m'accompagner, encore une fois, pour l'accompagner.

L'église est pleine. Lorsque nous sommes arrivés tout à l'heure, le minibus nous a déposés juste devant l'entrée, et j'ai découvert la foule immense sur le parvis. La rue a même été fermée. Les commerces ont baissé le rideau pour Alexis. Toute la ville de Pont-Audemer est là pour lui.

En sortant du véhicule, j'ai gardé la tête baissée. C'est d'ailleurs la posture que j'adopte depuis quinze jours maintenant, dès que je suis en ville. Parce que c'est dur de supporter le regard des gens qui t'observent comme une bête curieuse. Beaucoup n'osent plus me dire bonjour, ils savent ce qui s'est passé, ce que nous vivons. Moi, j'essaie de ne pas changer, j'essaie de répondre, mais je reste tête baissée, dans ma bulle.

Quand je vais prendre mon petit expresso au Café de Paris, le patron discute avec moi, et certains viennent me parler, mais c'est toujours pour évoquer mon fils, ou ma fille. Ça fait mal, et à la fin ça me rend plus malheureux que ça ne me réconforte.

Alors je fuis le regard des gens. Dans la rue, comme ici, dans l'église. Je ne veux pas qu'on me voie les yeux rougis, la mine défaite. Je veux être seul avec mes pensées, seul avec lui, avec nos souvenirs.

La tête, je l'ai relevée une fraction de seconde, il y a deux minutes, pour apercevoir une petite plume voler. L'un des deux pigeons venait certainement de la perdre. Doucement, elle est venue mourir tout près du cercueil d'Alexis devant lequel des bougies ont été allumées. Elles sont signe d'espoir, d'éternité. Il y avait les mêmes pour Célie.

Mais où est l'espoir ? Où est l'éternité pour nos enfants qui ont perdu la vie si brutalement.

Deux enfants en deux mois, j'ai perdu deux enfants en deux mois !

Comme son frère et ses sœurs, Alexis avait eu du mal à encaisser la mort de Célie. Mais il s'était fait une raison et il avait finalement compris qu'il fallait qu'il se relève, qu'il se batte. « Rien n'est jamais fini pour toujours », disait-il souvent. Une devise qu'il avait même fait graver sur l'une de ses chevalières qu'il portait à l'annulaire droit.

Pour lui, il fallait continuer de vivre, d'avancer, de montrer que la vie vaut d'être vécue. Il le savait mieux que quiconque, lui qui quelques mois plus tôt était tombé si bas, lui qui avait pensé à mettre fin à ses jours, lui qui avait repris goût à la vie, lui qui avait des projets, des ambitions, de nouveaux rêves. Et dans cette quête, cette émission en Argentine était censée lui faire du bien.

J'étais content qu'il participe à ce jeu. Après les quinze jours de tournage, il devait se remettre au travail pour préparer ses nouvelles échéances sportives. Il devait combattre aux Jeux européens, à Bakou, en 69 kilos. Je suis certain qu'il aurait fait quelque chose de bien là-bas. J'en avais parlé à Mariano, qui était du même avis que moi. Alexis était capable de remporter une médaille. Il avait perdu un peu de vivacité, il lui restait deux ou trois choses à régler, mais il était prêt.

« Ô la belle vie ! reprend le père Bailly. Cette chanson qu'Alexis fredonnait tout le temps, *La Belle Vie*, il vous la fredonnera encore à vos moments de découragement, comme pour vous dire : réveille-toi, reprends courage, nous sommes avec toi. Alexis était un champion, notre champion, un garçon simple, sincère, combatif, généreux, fidèle en amitié. »

Ces mots du père Bailly me font du bien. Des mots qui viennent tout droit du cœur. Il décrit mon fils comme « un jeune homme simple et vrai, autant qu'un champion. Un jeune homme avec son optimisme, sa joie de vivre, sa façon de rebondir malgré les problèmes, malgré les injustices. » Il conclut ainsi : « Alexis, c'est notre champion, mais aussi notre frère. Celui que l'on pouvait croiser dans la rue. Je vous souhaite d'avoir des amis comme Alexis. »

C'est maintenant au tour de mes enfants de lui rendre hommage. Mais je ne peux pas écouter. Leurs larmes, leurs cris, leurs paroles pour évoquer Alexis sont comme des couteaux tranchants. « L'amour ne disparaît jamais. La mort n'est rien. Je suis seulement passé dans la pièce d'à côté. Je vous attends, je ne suis pas loin, juste de l'autre côté du chemin. »

Pourquoi ? Pourquoi nous ?

Sommes-nous une famille maudite ?

Heureusement, Hervé Piccirillo, le commissaire au sport militaire, vient près du cercueil pour retracer la carrière sportive d'Alexis.

« Boxeur éminent au palmarès des plus prestigieux, tu as été un digne représentant de notre pays au niveau mondial. Malgré tes déboires injustes, en combattant valeureux et déterminé que tu étais, tu as eu le mérite de réagir, de te relever, de repartir progressivement de l'avant pour préparer les Jeux olympiques de Rio en 2016.

Aujourd'hui, toute la famille du sport, le 121e régiment du train dans lequel tu as connu tes premiers pas de militaire, le Centre national des sports de la Défense que tu as rejoint en juillet dernier au sein de l'armée des champions sont orphelins. »

Adriani

La cérémonie religieuse est terminée. Nous sortons de l'église, nous te suivons, mon Bradley. Tes amis te regardent, ta famille est là pour toi. Dans la foule massée devant nous, il y a aussi tous ceux qui t'aimaient pour ce que tu étais.

Je suis ému et surpris de voir qu'il y a autant de monde pour accompagner Alexis. Des amis me font un signe de la main, d'autres m'adressent un regard. C'est réconfortant. Mais tous ont les yeux rougis. Beaucoup pleurent au passage du cercueil. Peut-être que, comme moi, ils se disent qu'Alexis n'est pas loin, qu'il est juste parti quelque temps. Car moi, je m'attends à ce qu'il revienne. C'est terrible de penser ça, mais c'est vrai. Depuis quinze jours, je me dis qu'il va revenir, qu'il est là, tout près.

Tout à l'heure, lorsque je lisais mon texte devant son cercueil, j'imaginais que c'était lui qui parlait : « Donnez-moi le nom que vous m'avez toujours donné, parlez-moi comme vous l'avez toujours fait. »

Mais là, avant que nous l'accompagnions au cimetière, auprès de notre sœur, c'est son régiment et toute l'armée qui lui rendent un dernier hommage. Son cercueil a été posé devant la foule. Les honneurs militaires lui sont rendus.

Comme moi, Alexis était engagé dans l'armée de Terre depuis 2007, au 121e régiment du train de Montlhéry, escadron de commandement et de logistique. Il avait le grade de brigadier-chef, mais depuis l'été dernier il était affecté au Centre national des sports de la Défense de Fontainebleau, comme Florent Manaudou. Il était fier aussi d'avoir défilé sur les Champs-Élysées, le 14 juillet 2013. Comme moi, il était reconnaissant envers l'armée qui lui permettait de se consacrer entièrement au haut niveau.

Nous allions très peu à l'armée. Mais quand la Défense nous demandait de venir, nous nous y rendions avec plaisir, et par respect. Et puis Alexis adorait porter l'uniforme.

Cimetière de Pont-Audemer
Cindy

Enfin un peu d'intimité. Toute cette foule tout à l'heure devant l'église, tous ces gens qui nous regardaient. J'appréhendais tellement cette journée, ce flot d'émotions, comme il y a deux mois.

Mais là, c'était décuplé. Je suis sûre que certaines personnes de la famille ou des amis d'Alexis n'ont pas pu entrer dans l'église. Par contre, j'ai encore, comme lors de l'inhumation de Célie, vu des gens qui n'avaient rien à faire là. Des inconnus. Quand je pense à une partie de notre famille qui n'a pas pu assister à la messe, j'en suis malade.

En pareilles circonstances, le comportement des gens est parfois bizarre. Il y a quelques jours, lorsque je travaillais à la pizzeria, un client m'a interpellée pour me demander si j'étais la sœur d'Alexis. J'ai cru qu'il allait me dire un mot gentil. Eh bien non ! Il m'a décrit la scène de la chute de l'hélicoptère. « Il a brûlé deux heures à plus de deux cents degrés, vous vous rendez compte ! » J'ai failli lui mettre sa pizza en pleine figure.

Heureusement, ce n'est pas la majorité des gens. Mais certaines réflexions font mal. Les gens sont souvent maladroits lorsqu'ils s'adressent à nous. Et d'autres semblent aussi affectés que nous, alors qu'ils ne connaissaient Alexis que de vue.

Mais mon petit frère est désormais en train de rejoindre sa sœur. Ils vont se tenir compagnie. Elle n'est plus seule.

Villa Castelli, Argentine
jeudi 16 avril, 8 heures du matin
Alain

Cela fait plus d'une journée qu'avec Sylvie, Cindy et Cassie, nous sommes en Argentine.

Une journée pour arriver ici, à Villa Castelli. Car depuis notre atterrissage hier au petit matin à l'aéroport international Ministro-Pistarini d'Ezeiza de Buenos Aires, nous avons eu droit à un transfert vers l'aéroport Jorge-Newbery pour un décollage et un vol de trois heures sur une ligne intérieure à destination de San Juan. Puis il a fallu monter dans un bus pour un trajet de quatre heures pour rallier l'hôtel Pircas Negras situé à Villa Union. Nous sommes arrivés pour le dîner. Fatigant ! Usant !

Mais ce périple d'un peu plus de vingt-quatre heures, car nous sommes partis mardi soir de Paris, nous a permis de mieux faire connaissance avec les familles de Brice Guilbert et de Lucie Mei-Dalby. Comme nous, elles ont absolument voulu venir sur place pour comprendre, pour trouver des réponses, pour dire au revoir à leur enfant. Les autres familles n'ont pas voulu ou pas pu venir. Adriani non plus d'ailleurs. Il ne le souhaitait pas.

Nous, nous en avions besoin. Et ce, depuis l'accident. Combien de fois Cassie a-t-elle appelé la production pour leur demander s'ils comptaient nous faire venir à Argentine ? Combien d'appels a-t-elle dû passer pour obtenir notre venue ici ?

Dans un premier temps, voyant que nous insistions lourdement, ils ont voulu, une semaine après le drame, qu'on vienne reconnaître les corps. Mais ils nous l'ont proposé deux jours avant que les cercueils soient rapatriés en France. Alors je me suis mis en colère, je leur ai déclaré que nous ne pouvions pas risquer de croiser le cercueil de mon fils dans les airs…

Puis dans notre quête de vérité et après l'ouverture début avril d'une information judiciaire pour homicides involontaires, nous nous sommes portés partie civile.

Mais ici, à Villa Castelli, ce n'est pas ce que je viens chercher.

Dans une chaleur déjà pesante alors qu'il n'est pas encore 8 heures, nous sommes là, à l'entrée du village où mon fils est mort. Un dernier virage à droite. Sylvie, Marie-Pierre et Pierre, nos trois accompagnateurs de la société de production, nous ont promis que nous allions d'abord nous rendre à l'endroit où les hélicoptères avaient décollé.

Tout de suite, je reconnais la petite butte de terre que depuis plus d'un mois je vois à la télé et sur des photos. Je reconnais les lieux. Ils étaient là !

Certains, dont Cindy et le frère de Brice, contournent la butte pour aller à l'endroit exact du décollage. Moi, je reste en retrait. Cela me suffit. Il n'y a rien là-bas. J'attends surtout qu'on nous emmène sur le lieu du crash.

Autour de nous, des gens se sont attroupés. Les habitants du village ont certainement été prévenus de notre arrivée. Sylvie et moi avons repéré une petite maison, juste à côté. Nous nous dirigeons vers elle.

La petite dame qui attend sur le seuil fond en larmes en nous voyant, visiblement émue de nous rencontrer. Elle nous parle mais nous ne comprenons pas. Elle s'appelle Maria. Mais nous ressentons bien ce qu'elle veut nous dire, à travers ses gestes, son phrasé, son intonation.

Désormais, des dizaines d'enfants nous entourent. Eux aussi ont l'air émus. Ce sont certainement eux qui ont joué au foot avec Alexis. Puis un homme d'une quarantaine d'années s'approche. Il a l'air bouleversé, il pleure. Il porte une chemise bleu ciel à rayures. Une chemise trop grande pour lui. Je la reconnais, c'est la chemise d'Alexis.

Cindy

Avec le frère de Brice, nous allons à l'endroit précis où les deux hélicoptères ont décollé. Je suis surprise, c'est tout petit, il y a peu de place entre la petite butte de terre et l'espace où étaient stationnés les deux appareils. Ça paraissait plus grand lorsque j'ai vu les images à la télé.

C'est là que mon frère a vécu ses derniers instants, qu'il a quitté le sol pour la dernière fois. C'est là que tout s'est passé. C'est là qu'il a fait son dernier signe en direction des villageois.

En tournant la tête et en levant les yeux vers le ciel, je suis un point imaginaire censé représenter les deux hélicoptères qui s'éloignent. Je tente de reconstituer la scène. Les hélicos qui décollent, qui montent dans le ciel. J'ai toutes les images, mais là, je suis dans le réel, sur place, en Argentine.

Pour le reste, je ne veux pas savoir.

J'espère seulement qu'Alexis avait les yeux bandés. J'espère qu'il avait, comme on a pu nous le dire, un casque audio sur les oreilles. J'espère qu'il n'a rien senti. Qu'il n'a rien vu venir. Ni le choc, ni la chute, ni l'impact au sol, là où nous allons maintenant.

J'appréhende.

Sylvie

Quel accueil émouvant ! Les gens ici sont simples, sincères. Ils pleurent, ils semblent très touchés de notre présence. Ce sont des croyants.

Moi aussi je suis touchée, mais je ne le montre pas. Si j'ai envie de pleurer, je le fais toute seule, dans mon coin, loin des regards. Je ne suis pas démonstrative. Mais bien sûr que j'ai mal. Ça fait mal d'être ici, mais cette douleur, je la garde à l'intérieur. Il faut que je sois forte pour mes filles qui nous accompagnent et qui elles aussi souffrent d'avoir perdu leur frère.

Comme leur père, elles voulaient absolument voir où Alexis a vécu ses derniers jours, ses dernières heures. Depuis que nous sommes ici, et comme Alexis a dû le faire également, elles veulent rencontrer des gens, des gens avec qui il a partagé des choses, parler avec les enfants avec qui il a dû jouer, plaisanter, faire le pitre, rire. Avec la barrière de la langue, c'est compliqué. Alors on communique par gestes et avec quelques mots très simples. Ces gens sont si adorables avec nous.

L'un d'eux nous montre le barbecue sur lequel les candidats ont fait griller leur viande, un autre, un banc où ils se sont assis. Un enfant désigne le terrain où ils ont joué au foot. Grâce à eux, j'ai l'impression de capter les derniers instants d'Alexis. Je comprends pourquoi ils sont si émus. Je comprends pourquoi mon fils a donné sa chemise, pourquoi il a donné ci, pourquoi il a offert ça. Je suis certaine qu'il a laissé plein de choses ici, parce que ce sont des gens simples. Alexis aimait les gens simples.

Quand tout à l'heure cet homme est venu nous voir avec la chemise d'Alexis, j'ai tout de suite compris que quelque chose s'était passé entre eux. Un regard, un mot gentil, un sourire. Et Alexis lui avait donné sa chemise. L'homme était tellement content de nous la montrer.

Et puis il y a tous ces enfants. Je pose ma main sur leur tête dès qu'ils passent devant moi. Alexis a dû faire la même chose.

Avant de partir de Pont-Audemer, j'ai pensé à glisser dans ma valise des photos d'Alexis, des cartes postales de lui en tenue de boxeur. J'en distribue à tout le monde. En quelques minutes, elles partent toutes. Les gens sont si contents. Un bout de chou embrasse la photo de mon fils que je viens de lui offrir. Un autre la porte à son cœur. Une petite fille se met à pleurer en voyant mon Alexis au sourire à jamais figé sur ce papier glacé.

Alain

Comme tout à l'heure sur le lieu du décollage, beaucoup de monde nous attend à l'endroit où les deux engins se sont écrasés. Nous venons de faire près d'un kilomètre à pied, dans cet endroit où la végétation est dense par endroits et quasi absente quelques mètres plus loin. Il fait chaud en ce début de journée, un léger vent souffle et soulève la poussière du chemin de terre.

« C'est là qu'on tourne, là, juste après les buissons », nous indique un des accompagnateurs de la société de production.

Une rubalise cerne les lieux. Ici, il devait y avoir des arbustes. Mais il n'y a plus rien. On nous explique qu'un bulldozer a dû intervenir le jour du crash pour que les secours puissent passer. Ils auraient mis près de quatre heures pour arriver sur les lieux.

Un habitant du village raconte au traducteur qui nous accompagne que, de toute façon, quand les hélicoptères se sont enflammés au sol, il faisait tellement chaud que les secours ne pouvaient pas approcher à plus de cinquante mètres.

À cette évocation, je m'arrête. D'un coup, j'ai peur de poursuivre, d'avancer. Des milliers de choses me trottent dans la tête. Je suis à la fois pressé de voir si l'hélicoptère est encore là, et inquiet de ce que je vais découvrir. C'est un peu comme quand on apprend qu'il y a une catastrophe ou un accident de voiture et qu'on veut voir, se rendre compte par soi-même, comprendre comment ça s'est produit. Eh bien là, c'est pareil ! Mais avant tout, je suis obnubilé par le fait de savoir si mon fils a souffert.

La réponse est désormais en face de moi. Ou, voyant ce qu'il reste, un début de réponse. Rien, plus rien. Juste un amas de cendres. Une masse noircie sur le sol sablonneux, une zone calcinée, brûlée, fondue.

Quelques pièces métalliques gisent encore sur le sol. Je me baisse pour en ramasser une. Ça ressemble à un boulon. Il est fondu comme une bougie. À côté, ce devait être une grosse rotule. Elle aussi est totalement déformée.

Et puis il y a cette odeur, encore tenace. Ça sent le feu ! Ça sent la mort !

Je m'imagine alors l'hélicoptère, entièrement fondu, avec tout ce qu'il y avait à l'intérieur. Ce qui restait de la carcasse a été enlevé pour les besoins de l'enquête. D'après ce que je sais, il ne restait pas grand-chose.

Je m'imagine la chaleur, le brasier, les flammes. J'espère qu'Alexis n'a pas souffert.

Je cherche du regard le moindre indice, le moindre signe susceptible de me rapprocher de lui. Mais il n'y a rien, plus rien. Rien que cette zone calcinée et ce tas de cendres que le vent balaie avec le temps.

C'en est trop. Il faut que je m'agenouille pour penser à lui. Il faut que je prie pour lui. Je suis croyant, mais depuis quelque temps je me demande s'il y a un dieu sur terre. Mais pour lui, je prie. Car Alexis était croyant. Il l'a toujours été. Depuis le décès de son grand-père, il se signait avant chaque combat. Ça en agaçait d'ailleurs quelques-uns de le voir se signer sans arrêt, lever le doigt au ciel, prier. Il le faisait systématiquement.

Moi aussi je priais pour lui avant les combats. Par deux fois, quand il est allé aux Jeux olympiques, j'ai brûlé des cierges, fait des prières. Mais quand il s'est fait voler à Pékin puis à Londres, j'ai cessé d'aller me recueillir pour lui.

Puis il y a eu l'accident de Célie. Depuis, je retourne prier.

J'aurais dû prier pour lui avant qu'il parte pour l'Argentine. Mais je ne pouvais pas savoir. Qui aurait pu prédire un tel drame ?

Alors aujourd'hui, je pleure mon fils et je prie pour lui.

Avec Sylvie, nous avons apporté de quoi faire une petite chapelle. Il y a un arbre tout près d'ici.

C'est là ! Dans notre esprit, c'est là qu'il a été tué, au pied de cet arbre calciné dont il ne reste que le tronc noirci. Dans nos valises, nous avions aussi emporté des statuettes de la Sainte Vierge. Nous les posons au pied de l'arbre. J'en ai aussi apporté une qui représente un ange, avec sa sœur. Ainsi que des photos d'Alexis que j'ai fait plastifier. Je les place au pied de cet autel de fortune. Sylvie, Cassie et Cindy y ajoutent des bougies.

Nous avons fait la même chose il y a plus de deux mois pour sa sœur, sur la départementale 27, à Touques. Au bord de cette route, à la sortie du virage où Célie a perdu la vie, Sylvie et moi avons érigé une petite chapelle au pied d'un arbre. Nous y avons mis un ange, des fleurs et sa photo. Nous y allons souvent pour l'entretenir et nous recueillir.

Désormais, Alexis aussi à sa chapelle. À Villa Castelli, là où son corps et son âme se sont envolés en fumée.

Avant de partir, Sylvie et Cindy décident d'aller voir un homme du village qui nous suit depuis notre arrivée et se signe dès qu'on le regarde. Avec les rares mots de sa langue que nous connaissons et avec des gestes, nous lui demandons s'il serait d'accord pour entretenir le lieu. Nous lui disons aussi que nous reviendrons. Car nous reviendrons. C'est certain. L'année prochaine probablement.

L'homme nous fait comprendre qu'en attendant il bâtira une petite chapelle en bois à cet endroit et qu'il veillera à ce que le lieu ne soit pas profané. Il veillera sur Alexis et il priera pour lui avec les gens qui l'ont brièvement côtoyé avant qu'il s'envole vers les cieux.

Une femme vient également à notre rencontre et nous propose de venir allumer des bougies, pour entretenir la flamme de son âme. Tous ces gens me touchent. Si j'étais milliardaire, je leur ferais bâtir une maison à chacun. Alexis était comme moi. Il était sensible quand il voyait des gens dans le besoin mais qui ne se plaignaient pas, cela lui donnait envie de les aider.

Moi, c'est certain, je vais faire quelque chose pour eux. Je vais organiser un gala de boxe, un match de solidarité et la recette, je le promets, elle sera pour ici, en Argentine.

Cassie

Nous voici devant l'église de Villa Castelli. Des chaises ont été disposées à côté d'un pupitre. D'autres devant. Comme pour un spectacle en plein air. Nous nous asseyons près du pupitre avec les deux autres familles. Une cérémonie, des discours sont prévus. La maman de Lucie doit prendre la parole au nom des victimes. Il y a du monde, beaucoup de monde sur la place du village. Le maire commence. Nous ne comprenons rien. Il semble touché de nous savoir là, derrière lui.

Juste avant, à l'entrée du champ où a eu lieu le crash, les autorités locales ont dévoilé une plaque en mémoire des dix victimes. C'était émouvant. Tous les gens du village étaient là. Ils pleuraient, chantaient, priaient.

Quelques minutes plus tôt, l'un de nous a montré sur son téléphone portable une vidéo qu'il a faite au moment où les deux hélicoptères sont en l'air. Puis il a fait défiler sur l'écran des photos d'Alexis qui jouait avec les enfants.

Au moment de dire au revoir, nous avons noté les coordonnées, adresse, téléphone, mail, de certains habitants du village. Certains étaient venus spontanément pour nous les donner. Ainsi, nous pourrons garder contact une fois rentrés en France.

Nos premiers messages seront d'ailleurs pour Maria, cette si gentille femme à qui Cindy et ma mère ont demandé d'entretenir la petite chapelle que nous avons érigée au pied de l'arbre. Maria est parvenue à nous faire comprendre qu'elle mettrait des bougies tous les jours.

Nous aurions tellement voulu rester plus longtemps, prendre le temps de parler avec les gens, de les remercier de leur accueil. Quand nous reviendrons, il nous faudra un interprète.

Les témoignages de compassion et d'amitié que nous recevons depuis que nous sommes ici nous ont bouleversés. Alexis a dû aimer tous ces gens si souriants, tous ces hommes et ces femmes qui n'ont rien, sauf la religion, les prières et l'amour des autres.

J'aimerais être croyante comme eux. Mais comment croire en un Dieu protecteur quand en deux mois la vie nous arrache deux êtres chers ?

Buenos Aires, Argentine
vendredi 17 avril 2015, 11 heures
Cindy

Le réveil a été difficile ce matin. Il faut dire que depuis trois jours, nous n'arrêtons pas. Avion, bus, bus, avion… Et tout cela avec son lot d'émotions.

Hier, après avoir quitté Villa Castelli et avant de rencontrer le juge fédéral Daniel Herrera qui nous a tenus informés des avancées de l'enquête, nous sommes repassés à l'hôtel Pircas Negras. C'est ici qu'a séjourné l'équipe de l'émission avant de se rendre sur la zone de tournage. C'est ici aussi que les rescapés se sont réfugiés après le drame et ont été entendus par la justice argentine avant de rentrer en France.

En discutant avec le personnel, nous en avons appris un peu plus sur le week-end de repos des candidats après la première épreuve, en Patagonie. Comme les autres, Alexis a passé du temps au bord de la piscine. Il faut dire qu'il fait si chaud ici. On nous a raconté qu'il plaisantait souvent avec le personnel. Qu'il s'amusait bien avec les autres candidats. Qu'il était souvent avec la petite nageuse. Qu'ils avaient prévu de participer à Fort Boyard l'été prochain. Ils avaient récupéré un chien qu'ils avaient adopté et aussitôt affublé d'un drôle de nom. Un employé m'a montré la photo.

Alexis avait véritablement retrouvé sa joie de vivre.

Alain

Nos accompagnateurs ne sont toujours pas très bavards lorsqu'il s'agit d'évoquer ce qui s'est passé ici. L'une des rares choses qu'ils veulent bien nous dire, c'est qu'au cours de la première semaine d'épreuve, Alexis était sorti vainqueur d'un parcours sur des rondins de bois. « Et bientôt, vous verrez les images », nous ont-ils promis.

De voir cela, d'entendre cela, ça me fait plus de mal que de bien. Mais me recueillir là où Alexis est mort était indispensable. Il fallait que je le fasse, que nous le fassions. Pour moi, son âme est restée là-bas, au pied de cet arbre calciné jusqu'au ciel argentin. Son âme est là, et si je n'étais pas venu sur place, je m'en serais voulu toute ma vie. Maintenant je sais comment ça s'est passé, j'ai vu l'endroit où il a vécu ses dernières heures.

Nous repartons d'Argentine avec des petits pots de terre et de cendres mêlées. Les filles en ont ramassé là où l'hélicoptère d'Alexis s'est écrasé. Il doit y avoir un peu de lui dans ces cendres.

Cassie

Ce matin, après avoir quitté l'hôtel Florida où nous avons passé la nuit, nous voilà à l'ambassade de France. Raphaël Trannoy, le consul général qui nous accompagne depuis notre arrivée sur le sol argentin, nous avait promis cette rencontre avec Jean-Michel Casa, l'ambassadeur de France en Argentine.

Lui aussi, paraît-il, voulait nous voir. Il ressemble bien à l'homme que j'ai vu s'exprimer sur le drame le mois dernier à la télé. Je l'avais aussi entendu déclarer à la radio : « Il semblerait qu'il y ait eu erreur humaine et qu'un des pilotes se soit trop rapproché de l'autre. Il y a eu un phénomène d'aspiration, provoquant ainsi le choc. » C'est un homme sympathique. Lui aussi est déterminé à connaître la vérité, mais, l'enquête étant en cours, il n'en sait pas plus pour l'instant. Il nous confie aussi que depuis des années, il prend souvent l'hélicoptère et qu'il y a quelque chose d'anormal dans cet accident. Qu'ils volaient trop près l'un de l'autre.

Sylvie

C'est désormais au tour de la maman de Lucie Mei-Dalby, la journaliste décédée dans l'accident, de s'exprimer, de crier sa rage à l'ambassadeur. Hier déjà, devant le juge argentin, elle avait dénoncé le manque de précautions pris par la société de production. Aujourd'hui, elle parle des textos que sa fille lui envoyait au fur et à mesure du tournage, des messages dans lesquels elle disait être épuisée, où elle disait avoir appris que la place du copilote dans les deux hélicos était occupée par un caméraman. « En deux ans, douze personnes sont mortes à cause d'ALP. Il y a forcément une faille de sécurité au sein de cette société de production où ma fille n'a jamais suivi de formation de premiers secours. »

Pont-Audemer,
vendredi 5 juin 2015, 18 heures
Adriani

Nous y sommes. Ce soir, c'est le gala de boxe annuel de Pont-Audemer. À l'origine, il devait être dédié à Célie. Alexis avait prévu de monter sur le ring pour elle. Avec Cindy, nous allons boxer pour eux. Cela fait des mois que je ne suis pas monté sur un ring. Je ne pouvais plus. Je n'en avais pas la force. Mais depuis quelques semaines, j'enchaîne les entraînements, aussi bien à l'Insep qu'ici, à Pont-Audemer, avec mon père.

Je me suis préparé comme un fou, je suis prêt, j'ai même rasé ma barbe pour redevenir moi. Mais cela n'a pas été facile. Célie, Alexis sont toujours dans mes pensées. Tout me raccroche à eux. Dès que je suis ici, je vais sur leur tombe et je leur parle. Je leur demande comment ils vont, là-haut.

Dans mon appartement parisien, c'est encore plus compliqué. Tout me rappelle leur passage, lorsqu'ils logeaient avec moi. Lorsqu'en janvier j'ai dû retirer les affaires de ma sœur, cela m'a rendu malade. Célie était tellement bien dans sa peau depuis qu'elle habitait chez moi. Nous sortions souvent ensemble, on allait au cinéma, voir des amis. Elle était heureuse et j'étais content de ne plus avoir à l'engueuler pour les conneries qu'elle avait faites par le passé. Elle avait retrouvé la joie de vivre. Elle avait un but dans la vie. Tous les soirs, elle allait à ses entraînements de boxe au club de Saint-Maur. Et de temps en temps, elle venait me voir ou me rejoignait à l'Insep.

L'Insep, où j'ai l'impression de voir Alexis partout. Il faut dire que ses photos sont toujours affichées sur les murs. Quand je suis à la cafétéria, chaque fois que la porte s'ouvre, j'ai l'impression qu'il va entrer, qu'il va entonner « Ô la belle vie… ». Dans les couloirs, sur les rings où il s'entraînait, dans les vestiaires, son empreinte, son visage, sa silhouette sont encore là.

Et ici, dans cette petite salle de boxe, il est partout. Ses photos au mur, son sourire, ses gants, ses médailles…

Alors ce soir, je vais boxer pour lui et pour Célie.

Cindy

Moi aussi j'ai mis les bouchées doubles pour être à la hauteur de l'événement. D'autant que ce soir, c'est une petite jeune qui sera face à moi. Ça fait des semaines que j'en bave, à frapper dans les sacs, à courir, à me muscler sous les conseils bienveillants de mon père qui a repris du poil de la bête à l'idée de me voir boxer à nouveau. Mais je ne fais pas ça pour lui ni pour moi. Ce soir, je le fais avant tout pour Alexis et Célie, pour leur dire que nous sommes toujours là, que nous pensons toujours à eux. Qu'importe le résultat, qu'importe la manière, je leur dois cet hommage. Et puis je veux montrer que la famille Vastine ne baisse jamais les bras, que malgré le drame qui nous frappe nous sommes unis dans nos peines, nos chagrins, mais surtout dans l'espoir que cette infernale spirale va enfin cesser.

Il y aura beaucoup d'émotion au moment de monter sur le ring, mais je vais la canaliser et la transformer en force pour me transcender et offrir à tous ceux qui ont répondu présent le plus beau des spectacles.

Cassie

Je suis fière de Cindy et Adriani qui vont boxer ce soir. Tout Pont-Audemer sera là pour les supporter. Tous les amis d'Alexis et de Célie seront présents pour les applaudir. J'ai croisé tout à l'heure des sportifs de l'Insep, d'anciennes gloires de la boxe, les anciens entraîneurs d'Alexis. Tous ont répondu positivement à notre invitation, comme les nombreuses personnalités qui étaient venues le 1er mai dernier au stade Harou pour ce bel hommage rendu à l'occasion d'un match de foot de gala baptisé *Boxing Day*. Sylvain Wiltord, Muriel Hurtis, Ladji Doucouré avaient pour l'occasion chaussé les crampons.

Dans quelques minutes, le parc des sports va être rebaptisé du nom de mon frère. Un grand drapeau tricolore a été déployé sur le mur du gymnase. Il y a aussi cette sculpture monumentale signée Robuste Odin, qui représente deux gants de boxe de trois mètres de haut. Elle a été mise là pour Alexis ! On n'attend plus que le secrétaire d'État aux Sports, Thierry Braillard, pour commencer la cérémonie.

Alain

Que de monde pour cette cérémonie ! Déjà tout à l'heure à la mairie, maintenant ici. Que d'honneurs pour mon fils ! Je suis ému de voir que sa disparition a touché autant de gens. Ému, mais pas si surpris que cela finalement. Alexis aimait les gens.

« C'est une cérémonie un peu particulière pour nous. Depuis sa disparition brutale, beaucoup de choses ont été dites sur Alexis. Mais pour nous, ici, à Pont-Audemer, Alexis, c'est avant tout l'enfant du pays, un enfant simple, sympathique, disponible.

Voilà son nom à jamais gravé, ses gants sculptés comme autant d'empreintes indélébiles sur nos terres, sur ses terres.

Alexis nous a fait vibrer, pleurer. La ville en est fière et nous garderons toujours en mémoire ce garçon qu'on ne pouvait pas ne pas aimer. »

J'apprécie le discours du maire. Il est simple. Simple, et je l'espère sincère. Mais une fois de plus, je suis mal à l'aise d'être là, face au public. Je le fais pour Alexis, par respect pour ceux qui ont organisé cela, mais je n'aime pas être exposé ainsi.

Je serais mieux avec les sportifs de l'Insep qui ont accepté de tenir le drapeau tricolore qui cache l'inscription « Parc des Sports Alexis Vastine ». Il y a un vent terrible en cette fin d'après-midi.

« Alexis était un grand champion dont j'avais percé la carapace et avec qui j'avais réussi à tisser des liens personnels. C'était aussi quelqu'un qui avait reçu une formidable éducation. C'était un homme honnête et ce soir et pour l'éternité, il sera avec nous. Je crois qu'à partir d'aujourd'hui, Alexis est éternel. »

Les mots du secrétaire d'État sont poignants. Ils viennent en plus de quelqu'un qui aime le sport, qui aime la boxe. D'ailleurs, il a promis qu'il serait là ce soir, pour les combats. En attendant, le drapeau tombe.

Alexis a désormais son parc des sports.

Sylvie

L'année dernière, Célie et Alexis étaient présents à ce gala. Célie m'avait aidée à tenir la buvette, Alexis avait boxé. Aujourd'hui, ils ne sont que dans nos pensées. Et il faut vivre avec. Mais c'est très dur. Je sens qu'aujourd'hui je peux craquer à tout moment. Car il y a toujours cette question qui trotte dans ma tête : pourquoi ?

Je n'ai pas la réponse. Alors tous les jours je vais fleurir leurs tombes. Je ne reste que quelques minutes, mais j'essaie de venir tous les jours. Je leur parle, j'arrose ou je change les fleurs. J'ai mis leurs photos. Les plus belles. Avant de les quitter, je leur dis toujours : « Je vous aime, je vous aime. »

J'espère qu'il y a un au-delà, qu'ils me voient, qu'ils savent et qu'ils voient que je pense à eux très fort. Je ne suis pas très croyante, mais parfois je me raccroche à ça. J'aime me dire que s'il y a vraiment quelque chose là-haut, ils sont bien. J'aimerais surtout qu'ils m'envoient un signe… Pour me dire que j'étais une bonne mère.

Je les aimais tellement ! Tout ça est tellement injuste !

Alain aussi va sur leurs tombes tous les jours. Je sais aussi qu'il retourne brûler des cierges à l'église. Qu'il prie.

De temps en temps, nous allons entretenir la chapelle de Célie. Je vais aussi souvent que je le peux me recueillir sur le bord de cette route où elle a rendu son dernier souffle. Pour Alexis, ça n'est pas possible. Alors récemment, j'ai mis sa photo près de celle de sa sœur. Maintenant, quand je vais là-bas, je pense à eux deux.

Je n'ai pas de haine pour ce garçon qui a tué ma fille. C'était un accident. Et même s'il est déjà sorti de prison, je n'ai pas d'esprit de vengeance. Cassie et Cindy sont révoltées ! Moi, je dis qu'avoir de la haine ne sert à rien. Ça ne fera pas revenir ma fille. En revanche, c'est plus difficile quand j'entends ou que je vois un hélicoptère dans le ciel. Je hais ces appareils ! Mais là non plus je ne peux rien faire.

Maintenant, ce qu'il faut que je fasse, c'est le bien autour de moi. On ne pourra pas revenir en arrière, ce qui est fait est fait !

Aujourd'hui, ce que je veux, c'est vivre un maximum avec mes enfants et petits-enfants. Partir en vacances avec eux, profiter d'eux.

Alain

Je ne peux pas dire que je suis heureux ce soir, car je ressentirai toujours ce manque. Mais d'avoir vu mes enfants boxer pour Célie et Alexis m'a fait chaud au cœur. Les deux combats se sont bien passés. Cindy a perdu, mais elle s'est battue comme une lionne. Adriani l'a emporté et c'est de bon augure pour une reprise. Tous les deux étaient si fiers en descendant du ring. Je les ai longuement serrés dans mes bras pour les remercier. J'aurais voulu remercier tout le monde, tous ces gens qui étaient là en mémoire de mes enfants disparus.

Nous avions mis la mascotte d'Alexis dans le vestiaire pour nous porter chance. Elle ne nous quittera jamais. La mascotte, le ring, la sueur, la boxe, c'est le remède à notre souffrance, c'est le pansement à ces idées noires qui de temps en temps fourmillent dans nos têtes.

Les jours passent, mais on ne peut oublier ce que nous avons vécu en deux mois.

Les jours passent et pas un seul ne se termine sans que nous pensions à nos enfants.

Alors je fais tout pour me changer les idées. Je vais à la salle de boxe, j'ai repris l'entraînement des jeunes. Quelques gamins méritent que je leur donne un peu de mon temps pour les aider à progresser. Et puis qui sait, peut-être que dans le lot il y a un futur champion. Je vais aussi très souvent à ma salle de musculation pour garder la forme, et tous les jours au cimetière.

C'est un devoir ! Je parle d'abord à Célie. Combien de fois lui ai-je dit : « Mais Célie, qu'est-ce que tu es allée faire avec ce mec ? Pourquoi ne m'as-tu jamais écouté ? Si tu m'avais suivi dans les chemins où je voulais t'emmener, tout ça ne serait pas arrivé ! Quel gâchis ! » Quel gâchis !

Quand Alexis a été inhumé à côté d'elle, je lui ai demandé de prendre soin de son grand frère. Comme elle est partie avant lui, c'est à elle de le prendre en main.

Il est rare qu'avec Sylvie nous allions ensemble au cimetière. J'y vais de bonne heure le matin, elle plus tard. Mais la mort de nos enfants nous a rapprochés. Nous passons plus de temps tous les deux. Car je pense avoir énormément changé. Je ne me prends plus la tête, je vois la vie différemment, je veux en profiter désormais. Ce n'était pas le cas ces derniers temps, où j'étais prêt à faire des conneries.

Un soir, au fond du gouffre, pris de remords parce que selon moi j'avais été trop dur avec mes enfants et pas assez à leur écoute, j'ai pris une balle de 22 long rifle dans un tiroir. J'en avais marre de la vie.

Perdre deux enfants en deux mois est quelque chose de difficile à surmonter.

Avec la ferme intention d'en finir, je suis monté chercher la carabine à l'étage. J'ai cherché partout. Mais je ne l'ai pas trouvée. Une semaine plus tôt, Adriani l'avait prise. Il avait dû le sentir !

Puis j'ai retrouvé la raison. Je ne pouvais pas faire ça à Sylvie, à mes enfants. Qu'est-ce qu'ils deviendraient ? Supporteraient-ils un troisième drame familial ? Non…

Alors j'ai évacué ces idées suicidaires, combattu ces longues heures où l'on n'a qu'une seule chose à faire, penser, ruminer. Et heureusement, les beaux jours ont fini par arriver. Ça m'a aidé.

Je veux faire le bien autour de moi et ne plus me prendre la tête pour des choses futiles. Quand on perd deux enfants en deux mois, on voit les choses autrement. Que peut-il arriver de pire ?

Aujourd'hui je suis plus calme, plus apaisé, je redeviens la personne que j'étais. Je veux croquer la vie, gâter mes deux petits-fils et ma petite-fille.

Je veux faire le bonheur autour de moi.

La vie est trop belle.

Et puis, de là-haut, je veux que Célie et Alexis soient fiers de notre famille, pour qu'elle ne soit plus maudite.

Un grand merci à Alain et Sylvie Vastine pour m'avoir ouvert leur porte et leurs cœurs.

Un merci sincère et chaleureux également à Cindy, Adriani et Cassie pour leur confiance.

De là où ils se trouvent, Célie et Alexis peuvent être fiers d'eux, si dignes, si courageux.

Et si l'année 2015 fut marquée par ce coup d'arrêt, rien n'est jamais fini pour toujours.

Composition et mise en pages
Nord Compo à Villeneuve-d'Ascq

IMPRIM'VERT® PEFC 10-31-1510

Imprimé en France
par Corlet Imprimeur
14110 Condé-sur-Noireau
Dépôt légal : mars 2016
N° d'impression : 177832
ISBN : 978-2-7499-2838-8
LAF : 2165